图画通识丛书
A Graphic Guide

卢 梭

Introducing
Rousseau

戴夫·罗宾逊（Dave Robinson）/ 文

奥斯卡·查拉特（Oscar Zarate）/ 图

王志宏 / 译

图书在版编目（CIP）数据

卢梭／（英）戴夫·罗宾逊文；（英）奥斯卡·查拉特图；
王志宏译．—北京：生活·读书·新知三联书店，2020.1
（图画通识丛书）
ISBN 978 - 7 - 108 - 06734 - 0

Ⅰ．①卢…　Ⅱ．①戴…②奥…③王…　Ⅲ．①卢梭（Rousseau,
Jean Jacques 1712-1778）－传记　Ⅳ．① K835.655.72

中国版本图书馆 CIP 数据核字（2019）第 282735 号

责任编辑　李静韬
装帧设计　张　红
责任印制　徐　方
出版发行　生活·讀書·新知 三联书店
　　　　　（北京市东城区美术馆东街 22 号 100010）
网　　　址　www.sdxjpc.com
图　　　字　01-2018-7382
经　　　销　新华书店
印　　　刷　北京隆昌伟业印刷有限公司
版　　　次　2020 年 1 月北京第 1 版
　　　　　　2020 年 1 月北京第 1 次印刷
开　　　本　787 毫米×1092 毫米　1/32　印张 5.75
字　　　数　50 千字　图 171 幅
印　　　数　0,001－8,000 册
定　　　价　32.00 元
（印装查询：01064002715；邮购查询：01084010542）

目 录

我本人，绝无仅有者……

让‐雅克·卢梭永远改变了我们思考我们自己的方式——无论是作为个人还是作为社会成员。他警告我们现代文明世界给我们带来的危险，他预见到它即将来临的崩溃。尽管这样，他仍然是一个充满乐观精神的作家，自始至终知道他是一个绝无仅有者。

童年概述

让 - 雅克·卢梭 1712 年 6 月 28 日出生于日内瓦。他的母亲在他出生之后不久死于产褥热。他的父亲伊萨克是一个喜怒无常而又极其喜欢争吵的钟表匠。他总是陷入与当局的各种麻烦之中。他曾经去过君士坦丁堡，在苏丹的后宫做了六年的钟表匠。

卢梭本来还有一个哥哥弗朗索瓦，他跑去了德国，从此再无音讯。

伊萨克鼓励他的儿子阅读经典，尤其是普鲁塔克的《**名人传**》，他鼓励他的儿子成为一个热爱日内瓦的公民。日内瓦是一个很小的加尔文主义共和国，它周边都是庞大的天主教国家。卢梭主要是自学成才，这就意味着他的阅读量总是受到限制，而且没有自我批判的意识。

我很钦佩普鲁塔克描述过的斯巴达城邦，因为斯巴达人在战争中英勇无畏，而且具有坚定的平等主义和集体主义的观点。

但是卢梭和他自己的城邦的关系却是非常矛盾的。

受限的自由

日内瓦是严格的清教国家，由它最重要的 1500 个公民统治着（当时它的总人口约为 20000 人）。

它的立法机关，全体会议，包含所有的选民。

它的权威性的政府，小议会，日复一日地为日内瓦公民公共的和私人的生活做出决策。

作为一个思想独立的年轻人，我很快就痛恨加诸我的个人自由之上的任何束缚。

最终，卢梭逃离了这个城市国家，去追求心灵更加自由的事业。尽管如此，在他作为流亡者度过的一生中的大部分时间里，他仍然总是称他自己为"一个日内瓦公民"。

早期历险

　　卢梭在波西尼——靠近日内瓦的一个村庄——的一个乡村牧师家搭伙时，因为偷了一把梳子而不公正地遭到毒打。他还受到牧师的姐姐的惩罚，但是他非常享受在波西尼的经历。十四岁时，他作为学徒跟随雕刻师阿贝尔·杜克木学习雕刻。

　　1728 年 3 月 14 日，卢梭在散步晚归时发现自己被锁在了城市的外边，于是，他决定乘机逃跑。不久，他就被附近康非农地区的牧师"拯救"了，这位牧师把他送到**华伦夫人**那里。这位夫人以帮助逃跑的清教徒皈依天主教信仰而闻名。

华伦夫人

华伦夫人算得上对卢梭影响最大的人。她秀外而慧中，精灵古怪而性格多疑，她曾经从她的丈夫那里逃到萨沃伊。她依靠撒丁岛的国王提供的年金生活，而国王雇用她为间谍。她在阿讷西有一套房子，而且是一个喜欢冒险的企业家，尽管事实上她的许多规划中没有几项能够挣到钱。

在意大利时，卢梭成了许多贵族家庭的高傲自大而又不可信赖的仆人，他通过这种方式维持生活。他已经开始幻想自己是一名知识分子，痛恨自己被当作下人。1729 年 6 月，他离开图灵，回到阿讷西和华伦夫人母亲般的怀抱中。这是一个互惠互利的安排。

她把他送到阿讷西神学院，希望他成为一名牧师，但是他很快离开那里，去教堂学习音乐了。

旅人

接下来，卢梭花了几个月在旅行上，去了里昂、弗里堡、洛桑、维威伊和诺依沙特尔等地，在许多稀奇古怪而又不明身份的旅伴的陪同下，经历了许多无厘头的事情。所有这些后来他都记录在《**忏悔录**》中。他在漫漫长路上度过了他的大部分青春期，从一座城市漂流到另一座城市，而幸运的是，他似乎逐渐长成一个极有魅力的青年男人，因为他很少处于食不果腹，或者不得不卧薪而眠的状态。

在洛桑，我给自己取了个名字，"作曲家瓦索勒·德·维也纳夫"，一边周游各地，一边教授音乐。

然后，我担任了一个自称"东正教大修道院院长，不朽的保罗"的宗教骗子的翻译。

他去巴黎待了很短的一段时间，但是很快踏上了归程，最终又回到了华伦夫人的怀抱中。现在，华伦夫人已经移居尚贝里。有一小阵子，卢梭担任她的秘书，后来又教当地的年轻女士们学习音乐，其中有一位女士试图勾引他。

令我惊讶而不安的是，随后，华伦夫人决定，我应该受到保护，以免有人继续向我示爱……

……通过成为她的情人。

卢梭的心理

卢梭是一个非同寻常的年轻人，是许多无法调和的心理紧张和性焦虑的牺牲品。他极其渴望一个母亲的形象，给他一种安全感，而且乐于接受女性控制的观念："啊，跪倒在专横跋扈的情妇的脚下，遵从她的命令，请求她的原谅……"所有这些最终使得他和华伦夫人的关系极为混乱。

年纪轻轻，他似乎就已经对性受虐情有独钟。

终其一生，他都崇拜青年贵族女性，对她们抱着各种天真无邪的幻想，这些幻想主要建立在他早年阅读浪漫小说的基础上。

勒斯—沙尔梅特

华伦夫人最后租了一间小屋子，勒斯—沙尔梅特，卢梭在那里度过了宁静快乐的几年，他过着单纯朴素的生活，并且果断地用这几年进行自我教育。

也许就是在这个时候，这位自学成才的青年学者读到了政治哲学家**萨缪尔·普芬多夫**（1632—1694）、**胡戈·格劳秀斯**（1583—1645）和英国哲学家**托马斯·霍布斯**（1588—1679）、**约翰·洛克**（1632—1704）等人的著作。

风流韵事的终结

　　卢梭让自己相信他患了某种心脏病，然后启程去蒙彼利埃治疗。在旅途中，他经历了另一场性关系的冒险。与他同行的拉娜吉夫人勾引了他。但是，在他返回之时，他发现勒斯—沙尔梅特的田园诗般的生活已经结束了。

　　到这时候为止，他还创作了几首歌曲，并且完成了一部题为《**纳西斯**》的短小戏剧。他对于青年学生缺乏耐心，因此，他的教职不能算是很成功。

在巴黎试试运气

　　回到尚贝里的那些日子不长，也不愉快。最终，卢梭去了巴黎，想看看他那独特的音乐记谱体系能否给他带来好运。他把它献给科学院，但是，时运不济，他们没有留下什么印象。

　　尽管如此，他的时间还是没有白白浪费。卢梭是一个高效率的"网络工程师"。他在巴黎很快就交上几个极富影响力的朋友，其中有哲学家**孔蒂亚克**（1715—1780）和大名鼎鼎的**狄德罗**（1713—1784）。

他还攀附上了杜邦夫人，一个著名的女社交家。最终，卢梭接受了法国驻威尼斯大使的秘书这一职位。

但是他不能和大使友好相处，因为大使视他如仆从，而非同事。

在威尼斯，他去了意大利歌剧院，造访了一位高等妓女——朱列塔，这次拜访让卢梭极为困窘，她建议他"远离女子而钻研数学"。最后，他和大使大吵一通，并因此回到了法国。

特蕾莎和孩子

在巴黎，卢梭住在圣庚庭旅馆。他在那里勾引了一位女佣，一个目不识丁的乡村女孩，她来自奥尔良，名叫**特蕾莎·勒瓦舍尔**，她成了卢梭的终身伴侣。她为他生了五个孩子，卢梭把每一个孩子都送进了福利院。莫名其妙的是，卢梭似乎认为这完全是为了他们好。

我囊中羞涩，且我认为自己年寿不永，而育婴堂会抚养我的孩子，让他们成为好公民，把他们教育成一名体力劳动者。

尽管他编造了其他几种理由为他这种不自然的行为辩护——这些理由虽独具匠心却无法令人信服，但是，最终卢梭承认，他永远不能原谅自己抛弃了他们，他的读者常常能够对此情感心有戚戚。

"哲学家"和启蒙运动

卢梭在巴黎结识的知识分子朋友多以哲学思想而知名，尽管他们更像社会批评家，而不是真正的哲学家。他们是改革者，他们想要改善现存的社会状况，而不是具有明确的革命纲领的行动主义者。他们全部都是所谓的法国启蒙运动的核心成员，而众所周知，启蒙运动是到 18 世纪中期为止的一个法国文化现象。

有些哲学家是无神论者和唯物主义者。他们认为理性主义和科学最终可以取代所有的宗教迷信。

其他哲学家，与卢梭一样，是有神论者或者离经叛道的天主教徒。**伏尔泰**（1694—1778）是一个保皇主义者，**孟德斯鸠**（1689—1755）是议会的支持者，而其他的人则是共和主义者。他们所有人共同分享的是一种科学的世界观和关于未来的乐观主义。

哲学化的危险

哲学家们欢迎技术进步和与之相伴而来的商业和工业在整个欧洲的扩展。他们认为，人类应该使用理性来理解世界，让政府和法律更现代化。他们反对所有形式的压迫和检查制度，信仰思想和表达的自由。哲学家们大力宣传的许多观念，来自于英国经验论的先驱，比如**弗兰西斯·培根**（1561—1626）和约翰·洛克。但是法国哲学家们不得不比他们的英国同行们更加勇往直前。

最终，狄德罗由于他的非正统观点而被抓进文森城堡的土牢之中。

他的新朋友卢梭定期步行从巴黎到文森去看望他。在那里，他遇到其他的知识分子，比如**弗里德里希·格林**和**霍尔巴赫公爵**。到 1746 年为止，卢梭已经成为法国首都知识生活当中一个非常重要的人物。

我同意把我论述音乐和政治经济学的文章奉献给由狄德罗担纲主编的《大百科全书》。

卢梭很快就被接纳为他们的同路人，尽管他关于绝大多数事物的观点仍然处于不成熟的状态。但是，有一次，在步行探望身陷囹圄的狄德罗的路途中，卢梭开了"天眼"，这把他从一个寂寂无名而又已届中年的音乐家变成了世界闻名的哲学家。

卢梭的卓见

1749 年，去文森的路上，卢梭在一份报纸上读到第戎科学院的征文公告。参与者必须就"科学和艺术的重生导致了风俗的淳朴还是堕落？"为题撰写一篇论文。

我突然感到心中闪现着万千道光芒，许许多多新奇的思想一起涌上心头……我的头昏昏沉沉，像喝醉了酒似的；我的心怦怦直跳，连呼吸都感到困难，甚至边走边呼吸的力气也没有了，只好倒在一棵树下。我在那里躺了半个小时，心情是那么激动，及至我站起来以后，才发现我不知不觉地哭了一场，眼泪把我衣服的前襟全湿透了。

卢梭在一种高度亢奋的心灵状态中抵达了文森。视争论如命的狄德罗告诉卢梭，他一定能够赢得大奖。

文明和现代人

　　这种富于洞见的启示如此猛烈地撞击着卢梭，他意识到，人本质上是善良的，那么，使得人邪恶的必定就是文明社会的所有制度了。

而他们从自然那里赢得的真理，据说是绝对的……

一个令人瞠目结舌、离经叛道的观点，他始终不渝地坚持它。

它让他的同时代的人极度不安。

　　诸如狄德罗和伏尔泰这样的哲学家对于进步主义的"启蒙"和文明的好处深信不疑。如果人类只让他们自己接受理性的指导，那么，他们就会享受物质、政治和道德的进步，于是，他们就会变成幸福的人。卢梭对此提出了抗议。

《第一论文》

卢梭的哲学几乎总是出自他个人的经验。作为一个质朴而诚实的日内瓦公民，他震惊于巴黎贵族世界的豪华奢侈和道德败坏，他在担任仆从和家庭教师时，自这个世界的边缘体验到了这一点。他自己对于音乐的贡献（他的音乐记谱体系）又遭到了拒绝。他深深感受到了他自己的贫困和总体上不被承认。他的论文是对于所有那些精通世故的巴黎人的报复，因为他们对他"以施惠人自居"（在双重意义上）。

《论科学与艺术》是一篇令人印象深刻的修辞学习作，充满矛盾和悖论。卢梭很快承认，它写得很糟，论证极不充分。

文明的虚妄

在论文中，卢梭坚持认为，文明化的民族戴上了各种面具。真相总是为各种表象所替代。"人再也不敢表现他所是的样子。"受过教育的个人只是在外表上彬彬有礼，可爱迷人，但是私底下，他们满怀恐惧，疑神疑鬼，心存怨恨，背信弃义，愤世嫉俗。

现代人都变得弱不禁风，自私自利，因为占有财物而失去自由，远离他们真实的自我。

奢侈和艺术是何种善？

文明也激励对于奢侈的崇尚，而后者会加强和固化不平等。艺术和科学的角色只不过是掩盖不正义，"把花环抛掷到锁链之上"。把荣誉授给少数卓尔不群的艺术家和科学家而导致社会不平等的加剧也是错误的（也就是说，即使昱把荣誉授给论文竞赛的优胜者亦当作如是观）。

斯巴达人练习克己忘我、诚实无伪、军事实力和爱国主义，因此，他们在战争中打败了具有高度文化素养的雅典人。

首尾不一贯和批评

　　绝大多数卢梭的同时代人认为，他的论文仅仅是为了引起争论而论证一个似是而非的道理，这种尝试徒劳而无功。艺术和科学究竟是导致颓败的首要原因，还是只是次要原因，卢梭的论文似乎也未下定论。另一些人指出，卢梭的历史"证据"的不充分和首尾不一贯是一目了然的。

　　最后，如果这些关于过去的"黄金时代"的反动观点居然是真的，那么，人们为什么还要抛弃它们而寻找更糟糕的东西呢？卢梭真的想要烧毁图书馆、关闭大学，让法国人退回到无知无识、无法无天的野蛮状态之中吗？

无论它有多少瑕疵，《**第一论文**》让卢梭一夜之间名满天下，这也许是因为它的震撼力，也许是因为它唤起了人们埋藏在深处的、平时不曾说出的怀疑，对于人们称之为"文明"的人类事业，人们总是存着这些疑虑。迄今为止，卢梭取得了相对的成功。他成了势力极大的杜邦家族的秘书和出纳员，和当时最著名的知识分子打交道，而晚上则和他妻子的乏味无趣的家人一起用餐。

这没有阻止他写作在枫丹白露为路易十五演出的歌剧《**乡村预言者**》。歌剧大获成功，这也说明，卢梭已经变成他曾经渴望成为的著名作曲家。

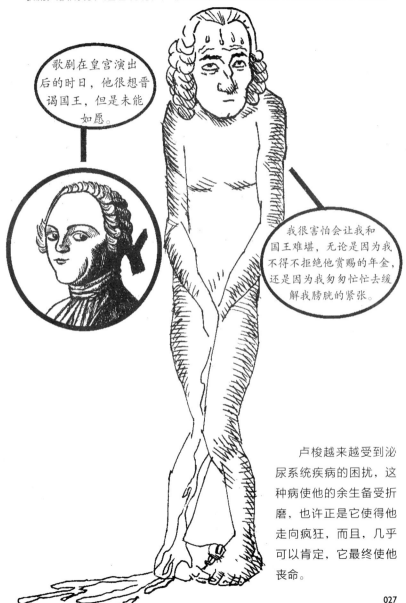

卢梭的语言理论

在威尼斯，卢梭开始撰写论文《**论语言的起源**》。在文章中，他声称，就像其他所有起源于人的事物一样，现代语言也败坏了，因为它偏离了它原本的目的。最初的人借助于简单易懂的姿势和信号交流他们的生理需要，这就导致他们不会撒谎。

> 最有力量的语言是这样一种语言：在我们开口说话之前，我们已经说出一切东西。

> 他们的情感和情绪被表达出来，是通过唱歌般的词语，通过一种完全隐喻式的语言。

最具有感染力的语言起源于南方，那里气候温和，土地肥沃，易于生存，这就是它们听起来柔和可人、富有旋律的原因。北方的生活和语言恶劣、艰苦得多。现代语言最终变得尖锐刺耳，由语法规则和精确的需要统治着。乏味的散文和写实的语言征服了歌唱的直接性。

接下来，**写作**进一步把系缚住了语言，使它成为抽象和沉思的仆人。现代语言的复杂性不是进步的信号，而是倒退的信号。现代语言之被发明就是为了欺骗与撒谎。

德里达对卢梭的解构

卢梭清楚地看到，语言规定了所有文明民族的思想的可能性。"语言和真理"的问题自柏拉图以来绵延不绝，延续至今。语言是真理的"镜子"吗？这是卢梭竭尽全力避免达到却又不可回避的结论，在这样做时，他从一种辩解滑到另一种辩解。**德里达**（1930—2004）称这些辩解为"补充"，它们充斥着卢梭的文本，但是能够**被解构**。

卢梭苦心竭力但却极不成功地确定，首先出现的到底是语言还是社会。这个问题没有定论。用语言去考察它自身将只会导致无休无止的争论。但是卢梭逐渐倾向于认为，人生活于社会之中是多么"自然的"事情。而这是他下一篇论文的主题。

另一届征文活动

1754 年，第戎科学院组织了又一届有奖征文活动，论文题目是："人类不平等的起源是什么以及它的权威来自自然法吗？"这个题目的蕴含是，不同等级和阶层的社会不平等无非是自然不平等——比如身高，力量——的不可避免的衍生物。激怒卢梭的，正是这样一个论证。

在所有剩余的日子里，我让自己埋身于森林之中。……我用他们不可能听见的微弱声音冲他们大叫："喋喋不休地抱怨自然的疯子们，你们要明白，你们所有的毛病来自于你们自己。"

《第二论文》标志着卢梭不再仅仅是一个"散文家"，而成为一位真正的哲学家。有时候理解卢梭很难，因为他劫持了诸如"自然"和"自由"这样的词，赋予它们以他自己的含义。有时候它也可能令人困惑，因为它是一系列与其他政治哲学家——比如格劳秀斯、洛克和霍布斯等人——之间进行的争论。

人的本性是什么？

　　关于人性的假定通常是所有政治理论不可避免的一部分。社会由人组成，因此，似乎足够简单明了的是，从探查他们是由什么物质组成的开始。但是甚至像**普罗塔哥拉**（前 490—前 420）这样的哲学家已经很快意识到，人类社会是千变万化的啊！

这就意味着根本不存在一种稳定不变、始终如一的"人性"。

人本质上是社会存在物，因此，只有成为好公民，才能以最佳的方式发挥作用，也能最为幸福。

"现代"历史学家和哲学家马基雅维利（1469—1527）和霍布斯表示反对。

在我们看来，人是自私的，总是想着做坏事，除非有法律和强大的政治制度约束、限制他们。

人们同意臣服于政府的绝对权威，但是，这只是因为他们需要保护而不互相伤害啊。

卢梭的版本

卢梭的人性理论完全不同于这些"本质主义的"学说。在他看来,"人的本性"是如此独特,以至于也许思考"人的本性"问题根本上就是错误的。人类有历史,他们从一种状态(比如,孤独的、简单的和"天真的"原始人)变换到另一种状态(我们自己现在就是复杂的、文明的和社会的人)。

社会造就人,就像人造就社会,因此,人和社会总是不断地演化成某种不同的东西。

离我们最近的社会变化对人造成的影响要远远大于演化造成的变动。

卢梭看到,人类是极其容易受影响的。有的只是人的多种**本性**。他认为,人类本性具有持续的可塑性,而且它和社会的与文化的世界有关联,这一观点对于**弗里德里希·黑格尔**(1770—1831)和**卡尔·马克思**(1818—1883)等政治哲学家产生了巨大的影响。

自然状态

　　如果所有的社会都是不同的，那么这也意味着，它们是人为的，而根本就不是自然的。它还意味着，在社会或者政治被发明出来以前很久，前社会的或者"自然的"人类一度生存于某种"自然状态"之中。政治哲学家频频使用"自然状态"的观念来描述前政治的世界。在霍布斯看来，"自然状态"总是战争状态，威胁无时不在。

　　卢梭本人的"社会状态"是一种更为精微而复杂的生存状态，更加具有人类学的色彩，在时间上非常遥远。它在很大程度上是一种理论的虚构。

自然法

参赛论文的题目也关涉"自然法"。那么，什么是"自然法"呢？像格劳秀斯和普芬多夫这样的政治哲学家认为，存在着一种总是真实而有效、无关乎社会法律的普遍的"自然法"。"自然的"法律来源于人的本性。

如果你认为人是理性的和爱交往的存在者，那么，你就可以从那些促进社会交往，把冲突最小化的人类品质之中导出"自然法"。

但是，"自然法"存在的最为明显的问题是，它们不可逆转地是普遍的、含糊的，不可能是强制性的，它依赖于并非所有人都同意的对于人性的某种规范性解说。

残酷无情和奔竞争夺对我们来说也可能是"自然的"，就像霍布斯所说的那样。

卢梭本人巧妙地避开了任何关于"自然法"的谈论，因为他极为怀疑某种永恒的或者本质的"人类本性"。

自然（本性）和自然的

所有这一切把我们带到"自然的"这个词究竟是什么意思这个也许不可回答的问题上来。不幸的是，像"自然（本性）"和"自然的"这些词并不具有任何"真正的"含义。在亚里士多德看来，"自然的"一词意思是，"对某物来说本质性的东西"，而不是偶然的或者人为的。

有时他赋予它一种非常近的时期才有的含义——"乡村"，或者更深刻地说，"上帝创造和设计的秩序井然的宇宙"。但是，另外一些时候，它的意思似乎是完全主观的，仅仅是指"卢梭同意的东西"。

自然人

依照卢梭的观点，人的原初本性是"善良的"，但是后来被人为的社会给败坏了。这就意味着，在每一个现代人里面，都存在着一个更早的、更好的自我的残余。但是不可能描述原初的"自然人"到底什么样子。卢梭不得不由之出发的是现代人。但现代人就像是格劳库斯的雕像，是从大海深处拖拽出来的。

由于受到极大腐蚀，发生根本变形，任何关于他原来面目的叙述必然完全出于想象。

这也就是卢梭要澄清下面这一点的原因，即他不能告诉我们关于"自然人"的历史的真理，但是他可以发明某些假想，襄助他的哲学研究。

要在人的实际本性之中把本源的东西和人为的东西分离开来，要彻底认识一种不再实存的，或许过去从来没存在过，将来再也不会存在的状态，绝非轻而易举之事。……能够承担起与这个主题相关的探索绝非为了历史的真相，而只能是为了假设的或者有条件的推理，它更适合用来澄清事物的本性，而非显示它们的真正起源。

因此，令人目瞪口呆的是，卢梭竟然说……

高贵的野蛮人和大猩猩

到处可以发现的某些经验性的证据表明，"自然人"曾经可能是什么样子的。卢梭非常熟悉当时的世界上零零星星地存在着一些狩猎者—采集者。他也拥有一些关于大猩猩的知识，许多18世纪的哲学家认为它们是某种"早期人类"。卢梭甚至预见了进化论，他指出不同的物种可能以某种方式相互关联，在不同物种之间的界限并不如想象的那么固定不变。

卢梭极力批判欧洲人以及他们在非洲和新世界的所作所为，而且他憎恨奴隶制度。

经常有报道说，类人猿和早期人类过着一种天真无邪、和睦相处、无知无识却又幸福快乐的生活，但这是误导。这就导致了快乐的"高贵的野蛮人"的神话，18世纪有好几个作家使用这个词嘲讽现代的文明生活。此外，还有许多哲学家因此而想象"人性"的本质特征。

不幸的是，人类也许演化成了社会化的语言使用者，因此，以这种残酷的方式抚育小孩只会产生某种非人的东西，而什么也不能证明。

卢梭的自然状态

　　关于前社会的自然人，卢梭有他自己的一些坚定的想法。

　　霍布斯的"自然人"是一群毫无怜悯之心的竞争者。卢梭的"自然人"更像是一群和睦相处的黑猩猩，无所事事地在森林里溜达。它们是一些没有家庭、朋友和任何类型的财产的孤独的存在者。

　　统治他们的有两种情感，"自爱"和"同情心"，他们被迫保存他们自己的生命，有一种与生俱来的怜悯的情感。他们在数量上很少，不争强好胜，自我满足，没有任何财产、正义、工业和战争的概念。他们是前道德的存在物。可以总是设想暴力只是偶然的一次伤害，但不是"犯罪"。自然人从来不会体验到丧失自尊，或者因为感受到社会地位低下而痛苦不堪。他们比我们现在要幸福多了。

自然人和霍布斯

关于我们的祖先的这样一幅田园诗般的图画，实际上想告诉我们的只是一个天真已经失去的时代卢梭本人所向往的境界。在一定程度上，它也是对于霍布斯和格劳秀斯的"自然人"的一种回应。在《**论公民**》一书中，霍布斯强调了前社会的人具有的一种与生俱来的且永不变化的对于荣誉的渴望是如何导致战争的。卢梭认为，把"自然人"想成和现代人一样是错误的。他的"自然的"人是孤独的存在者，只会偶然相遇。他们很少有机会拿他们自己和他人比较，因此，他们之间没有任何社会性的或者等级性的差异。他们之间唯一的不平等只是体格和力量的不平等。

人们，经过普遍同意，在本性上是相互平等的，就像同一物种的动物一般。

也许现在，社会—生物学家不情愿接受这种关于早期人类的观念。许多动物，包括人类，似乎本性上就是社会的和等级制的。黑猩猩生活在分层的社会群体当中，会发生地域战争，时不时还会同类相食。

自然人和格劳秀斯

格劳秀斯要乐观得多，他认为，原始人原本就是社会性的和理性的。真正使得他们成为人的东西是某种形式的相互交往。但是卢梭的孤独的自然人没有语言，因此不能在直接感受的基础上形成任何简单的观念。他们也是"善良的"和"天真的"，但只是在他们不主动伤害他人的被动的意义上。

这就使得他们更像动物，对道德一无所知，不会做出和逻辑思考或者合作相关的文明行为。因此，不可能从他们的"本性"中得出"自然法"。

现代人

　　建立起自然人像什么的观念之后，卢梭接下来描述人类的灾难性选择，人类在他们的旅程中做出这种选择，告别了天真的善良，走向文明的堕落。由于气候发生变化，人口增加，人类集中在一起形成部落，以便能够更加成功地狩猎。

他们自愿放弃了自由而流浪的生活，转向基于农业的定居的生活方式，然后，作为农民，他们发明了财产的概念。

我们压制了我们与生俱来的同情心，换来相互依赖。

　　这就意味着他们开始相互注意，辨认谁是他们的邻居，各种比较就会导致妒忌、不平等、虚荣心、羡慕和耻辱。

现代社会

卢梭推断说，在财产制度和社会不平等——这两者的产生都是因为过去做的审慎的选择——当中，没有什么是不可避免的或者"自然的"。后来，这些决定通过社会的或者政治的"契约"而合法化了。

最后，人类深受强加给他们身上的政府之害，这种政府的唯一功能，过去是，现在还是，保护私有者的财产权。

契约与财产

卢梭所抱持的一个坚定信念是，财产是社会的万恶之源。"谁第一个把一块土地圈起来，说'这是我的'，而且找到一群简单到极点而居然相信他的鬼话的人，谁就是文明社会的真正创立者。……不要听信这个骗子的话；如果你们忘记了土地上的果实是大家共有的，而土地也不属于任何人，那你们就要遭殃了。……"

洛克从来没有想过要质疑财产概念本身。

在我的"自然状态"中，人们总是拥有财产，并具有"自然的"权利——如果不是所有者的法定权利的话。

政府之被发明出来，只是为了解决财产诉求方面的争论。

洛克甚至建议，生命和自由是不同类型的"财产"。

在卢梭的"自然状态"中，自然人一开始既不理解财产，也不理解"权利"。但是，为数不多的贪婪的个人非常狡黠，伶牙俐齿，以炫人耳目的言辞建议，所有人都加入"社会契约"，以保证法律的统治，确保普遍的安全。

财产的链条

通过把财产权合法化并贯彻实施，于是富人就可以掌握大量的土地，而让大多数人陷入贫穷的境地。社会关系变成了主人和奴隶之间的关系。

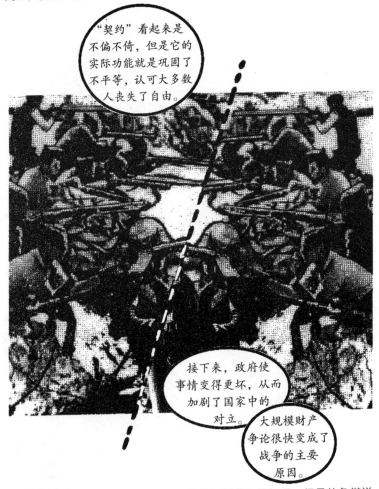

卢梭同意契约论者关于社会和政府如何产生的解释，但是他争辩说，任何这样的"契约"总是带有欺骗性，现在对于任何人都没有具有约束性的影响了。

选择另一条道路

因为我们是人，因而是自由的，所以，我们能够改变我们的本性，向着更糟的状况发展。不平等变成了流行病，就像不道德的价值和虚伪的行为一样。但不是一切都遭到了摧毁，因为起码我们还是自由的。和动物不同，人类有着自我意识这样的反思能力。

一旦人类意识到现代社会是一个阴谋，会阻止他们获得真正的潜能，他们就能够省察他们的生活，并寻求改善它们。因此，人有可能取消已经完成的一切。人们可以塑造他们自己。对于现代文明来说，没有什么是不可逆转的。它能够被改变，也必须被改变。

哲学家们的反应

《第二论文》几乎与法国启蒙运动赞扬的一切事物唱反调。伏尔泰和狄德罗在文明问题上是不折不扣的乐观主义者，他们耗尽一生心力与迷信和不宽容的反动力量进行斗争。

哲学家们所持的唯物主义的和决定论的观点不能对许多人内在的情感生活和精神需求做出回答。

经验论和科学对于人类的研究也不够。卢梭认为，关于人的本性的基本真理只有通过直觉和反思才能发现。人类情感和冰冷的抽象推理一样，极有可能是真理的一种来源。一种全新的意识形态被发明了。

卢梭的避难所

最终，卢梭将《**第二论文**》付梓，并把它献给日内瓦这个城市国家。这一次，它非但没有赢得奖金，而且大多数**哲学家**收到它时表现出某种恶意。伏尔泰读完它之后写信给卢梭说："先生，我收到了您的新作，此书乃为反人类而作也。在此特致谢忱。……从来没有人用如此高明的才智来让我们感到愚蠢。读您的大作时，我恨不得四肢着地行走。"

1754年，卢梭重新获得了他的日内瓦公民身份。官方对他极为慷慨，不用他缴付欠税，也没有过于细致地查问他和特蕾莎之间的关系。他访问了尚贝里，但是发现华伦夫人现在赤贫如洗，心情沮丧。

最终，极为富有的德比内夫人（我的一个朋友）在她位于蒙特朗西的庄园一个名叫隐庐的很大的村舍中给他提供了一个避难之所。

相当无耻的是，卢梭同意在那儿生活……

只要你们不要期望我会感恩戴德！

正是在这里生活的时候，卢梭写出了他最著名的著作。

卢梭在隐庐待了五年之久，在那里，他试图重温他在阿讷西度过的幸福时光。他把他的时间用在散步和写作上，他避开巴黎，因此他获得了憎恨人类的隐士的名声。卢梭的行为和见解开始让他的同时代人困惑，继而使他们大为光火。他很快与伏尔泰就上帝和天意的真正性质发生了争执。1755 年里斯本的大地震让很多基督徒惶然不安。它发生在万圣节那一天，当时许多人都在教堂里，这次地震使一万多名葡萄牙人丧命。

卢梭在《**论天意的书信**》中论证说，这种灾难本质上是人造成的。

如果葡萄牙人过着极其简朴、更有乡土气息和四分五散的生活，没有城市，大地震造成的伤害就会微乎其微了。

在我们的心中，我们仍然承认存在着一个仁慈的神圣的计划。人类遭受苦难只是这个庞大的仁慈的方案中的一个微小的部分（后来，伏尔泰在他 1759 年发表的小说《**赣第德**》中对此极尽嘲讽之能事）。这只是卢梭和几乎所有哲学家之间进行争论的真正开端。

第一个浪漫主义者

巴黎的知识分子认为，卢梭选择生活在一个唯我论的幻想的世界之中。在某种程度上，他们是对的。卢梭的行为处世就像我们期待的浪漫派诗人和艺术家那样。在某些场合，他会因为某些事而欣喜若狂，他那些 18 世纪的朋友也许会称之为"宗教狂热"——某种高强度的非理性的宗教疯狂。

借助于想象，卢梭忙着创造一群更有同情心的虚构人物，他和这些人物之间进行非常愉快的私人谈话。（特蕾莎很快就对每天固定不变地在树林里长途跋涉厌烦不已。）他们是两个漂亮的表姐妹（朱丽叶和克拉尔）和一个年轻的男家庭教师（圣普乐），非常明显，后者是他自己的理想化的化身。

苏菲及真实的朱丽叶

　　1757 年，卢梭完全确信，一个他想象中的人物来到了隐庐，但是以德比内夫人的妹妹（苏菲，杜德铎伯爵夫人）的形式。她年方二十七，一头浓密而卷曲的头发，过于自信，热情澎湃。她的丈夫索然无味，但幸运的是，她有一个名叫圣朗波尔的情人，他不算乏味。尽管她身边有这个男人碍手绊脚，卢梭仍然立即爱上了她。

　　这也许是卢梭生平第一次和唯一的一次经历真正的浪漫爱情。它不可避免地以一次又一次流泪、无休止的争吵和相互指责而告终，主要发生在卢梭、德比内夫人和她的情人格林之间。他们认为，年届不惑的卢梭是想把自己树立为偶像。但是，这场性迷恋的一个不虞之获是，它催生了一部小说——《**新爱洛依丝**》（出版于 1761 年），这部小说在整个欧洲大获成功，风靡一时。

《新爱洛依丝》

卢梭这部小说的主要人物生活在一个理想化的田园般的梦幻世界之中，这个世界偶尔会被更加残暴的经济和阶级的现实粗暴地侵入。一位穷困潦倒的青年家庭教师，圣普乐，爱上了他的家境优裕的年轻学生，朱丽叶。他们的爱情受到了她父亲的百般阻挠。

圣普乐被迫自我放逐，但是他后来重返故地，最终使这场风流韵事有一个结局。双方都威胁要自杀——圣普乐跳下了山崖。

这一关系的结局是，朱丽叶嫁给了贵族沃尔玛，从此以后，她认为她的家庭老师只是她的灵魂的爱侣。

这部小说强调，自然把女人设计为有德性的妻子和母亲，而不是情妇。

圣普乐从国外归来，成了朱丽叶两个男孩的家庭教师，他试图重新开始那一段旧情，但是以失败告终。小说的结局是，朱丽叶拯救了差点溺水而死的孩子，但是她自己死于肺病。所有人都被朱丽叶身上与日俱增的圣徒般的行止风度所打动。

这部小说篇幅冗长，以当时广为流行的书信体写成，出现了许多难以置信的插曲和人物。显而易见，卢梭的戏剧化的人物毋宁说是他自己的各种观念和执念的传声筒。

浪漫主义的畅销书

　　和自那以后一哄而起的成千上万部浪漫而伤感的小说一样，它也对女主角丧失了德行耿耿于怀。（我们最终可以重拾信心的是，朱丽叶通过婚姻和尽心尽力做一个贤妻良母而恢复了她的德行。）现在看来，很难理解，《新爱洛依丝》竟然一夜成名，光彩夺目。成千上万名 18 世纪的普通读者（尤其是女性）成群结队地购买，争先恐后地阅读一对情人的奇遇故事。

它明讽而暗劝，假道德教育之名，行宣淫之实。

和大部分 18 世纪的小说不同，它充满饱含深情的对于乡村生活的再现。

它热情地歌颂家庭事务的其乐融融。

卢梭发明了一种新的抒情诗般的语言，来描绘他的人物的情感和颂扬他们的自然环境。

　　审美趣味正在发生改变，我们现在称之为"浪漫主义"的复杂的文化现象已经成形。

《道德书信集》

　　有一段时间里，卢梭经常骚扰苏菲，对她做出轻浮之举，苏菲抱之以宽容的态度。她最终抛弃了他们之间的友谊，而且也许从来没有读过他特地为她而撰写的《道德书信集》（这些书信直到 1861 年才出版）。在这些信件中，他继续抨击他以前那些朋友持有的许多启蒙的信念。

　　我们拥有可以上达天听的灵魂，而最终，正是这一事实使我们成为真正的人。"理性爬行着，而灵魂却高耸着。"作为个人，我们只需要通过拒斥虚假的社会自我，就可以发现我们真正的本性。毫不奇怪，这就有必要从人群之中撤出，在简单而"自然的"存在中发现自我的满足。

致达朗贝的信

　　在他一生的大部分时间里，卢梭都是一个自愿逃离祖国日内瓦的流亡者。这也许使他更容易用他自己那套独一无二的观念去捏造理由为日内瓦辩护。他常常妒忌并仇恨像伏尔泰那样的人，他不喜欢他们选择住在日内瓦或者甚至住在它附近。1758年，他读到一篇法国哲学家和数学家让·勒朗·达朗贝为著名的《**大百科全书**》而撰写的关于日内瓦的论文。

　　卢梭的《**致达朗贝的信**》同意日内瓦公民的结论，但是为了达到这一结论，他做了不同的论证。

斯巴达式的剧院观

卢梭常常为这篇文章而感到自豪，他极力把日内瓦转变成一个类似于现代斯巴达的地方。在他看来，剧院鼓励观众忘却他们对于国家的社会责任。人们坐在黑暗之中，每个人都互相隔开，这使他们丧失作为公民的身份感。当代作家的表述复杂精妙，但是他们的见解肤浅浮泛。更糟的是，像莫里哀这样的剧作家为了讨好观众而鼓励各种偏见和虚荣，并嘲笑美德。

日内瓦的正派公民面对的是悲观主义的扭曲的人类观。

剧院是一种毫无必要的奢侈品，它会加剧导致社会的不平等。日内瓦公民应该努力赶上斯巴达人，坚持提升健康素质的公共活动，比如身体对抗比赛和广场舞蹈（在这些场合，年轻的日内瓦公民需要精心监护）。

卢梭的艺术和音乐观

卢梭总是认为，审美理论和情感不应该看作是与道德的和政治的观念毫无关联的。好的艺术能够鼓励一种沉思的态度，自然的世界有时候一样——如果我们自己的感受力足够敏锐。

我们需要进入一种沉思的状态——如果我们想要获得宇宙的和谐感、秩序感的话。在有些场合，最好的艺术能够帮助我们到达那种状态。

卢梭是一名专业的音乐家和作曲家，他一生之中有大部分时间靠抄写乐谱过活。关于音乐，他有一些坚定的看法。他认为，音乐是人的所有艺术成就中最为深刻的，因为和所有其他艺术形式相比，音乐最能够引发复杂的情绪，刺激情感。

在《**论音乐的书信**》和《**音乐辞典**》中，卢梭因为他对于当代法国音乐的批评而引起了大量的争论。他崇尚意大利歌剧。

那是因为意大利语是一种柔和甜美的语言，这使得它适合歌曲。

卢梭再一次把一种"有旋律的"南方语言置于"刺耳的"北方语言之上。

为了掩盖法国语言粗糙的笨拙的声音，像**让·菲利普·拉摩**（1683—1764）这样的法国作曲家不得不发明复杂的和声，使管弦乐演奏变得非常复杂。但是音乐在其简单质朴于歌声中表达时才处在最佳状态，而不是在使用人为的音乐装饰对它进行过度美化时。

《爱弥儿》，一部教育小说

《爱弥儿》开始是一篇论教育的论文，但是因为所有的说明性例子都集中于一个男孩，它很快变成了一部进行道德说教的小说。它的核心主张清晰明了："一切事物从造物主的手中出现之时是好的，但是在人手对之加以塑造之后，就腐化堕落了。"

但是很快，文明社会就以以下方式出现了：它产生堕落、不幸福的个体。对于这种后天习得的人类罪恶问题只有两种解决方式：要么你彻底改造今天的社会，要么你完全在社会之外培育个人。这部小说提出的是后一种解决方案——一个天真无邪的儿童在被这个世界不可企及的围墙围起来的花园里中，接受导师的教育。

儿童心理学

在 18 世纪及此前，贵族家庭的儿童被当作是处于学徒期的成人，被严密监护，以免新鲜空气和训练的影响，要接受正式的教育，也会因为不服从和非理性行为而受到严厉惩罚。哲学家洛克把教育看作非常残忍的打上"烙印"的过程，而在某种意义上，**《爱弥儿》**是对洛克**《教育漫话》**（1693年）的回应。

《爱弥儿》是一本革命性著作，因为通过在心理学的意义上重新定义"童年"，它多多少少重新发明了"童年"这个概念。卢梭看到，对于童年来说，有比年代学和体质学丰富得多的意义。

> 儿童以他们独有的方式去看、想和感受。

> 他们还对他们的环境抱有好奇心和学习的愿望。

因为每一个孩子都是不同的，所以，应该允许他们"自然地"发展自己。

爱弥儿的教育

　　爱弥儿出生于一个富庶的家庭，它负担得起雇佣一个家庭教师的费用。于是，一场无与伦比的教育实验开始了。从一开始，爱弥儿就与世隔绝。他被允许在露天做游戏，并逐步地在得到细心控制的环境中自然发展。最初，他生活在由物组成的世界里，仅仅体验到痛苦和喜悦。

很快，他在秩序井然的自然世界中学会了所有不可避免的真相——你在跌倒时，大地会伤害你。

最后，他把简单的感官经验逐步转变成更加复杂的观念。

但是在青少年时期，爱弥儿主要是独自生活——这是"否定性教育"的过程。

完全在他乐意时，他学会了散步和说话。他根据自己的步调发现了许多东西。

每一个年纪、生命的每一个阶段，都有它特殊的完美以及和这个阶段相适应的成熟。

在他自己做好准备之前，没有任何必要教给小孩复杂的观念，或者让他诉诸"理性"。这也就是为什么为了获得第一手的经验，各种书籍都应该被否定的原因。（允许爱弥儿阅读的唯一一本书是《鲁滨孙·克鲁索》，其中充满许多实践性的建议）。接下来，导师通过小心翼翼、精心组织地设计出的学习情境，循序渐进地刺激爱弥儿对自然的好奇心。爱弥儿的整个世界变成了无所不包的教室和实验室，他在其中通过发现而学习。

园丁掘土种下了豆科植物，而此前他还在那里种植了西瓜，这时，爱弥儿掌握了"财产"的概念。

接下来，爱弥儿通过练习手的技能学会了使用手。

通过学习贸易，他将要在经济上独立。

稍后不久，通过"玩弄"更为复杂的科学仪器，他被引入了天文学、地理学和航海术的领域。

最后，等他准备好了掌握复杂、抽象的观念，他就可以学习历史、道德和宗教的课程了。

爱弥儿和伦理学

爱弥儿不能停滞于此，一直做一个简单、被动地"善良的"自然的孩子。他必须成为世界上主动地"拥有德行的"公民。爱弥儿天然的同情心必须被转化为想象的对于他者的同情。在他成长的过程中，他能够更加专心地聆听良知的鼓励——这是在"激情的科学"中可以听到的对于道德行为的绝对可靠的引导。只有在这时，爱弥儿才会开始变成真正"有德性的人"。

他必须学会如何抵制自私的情感，选择更高的公共的善。

成为真正道德的人，绝不可能是出自本能或"自然"。它关系到内心的斗争，并做出特殊的选择——对于个人激情的胜利。

伦理学

因为他是一个富有的年轻人，所以他也需要接受教导，有钱人有义务帮助穷人。（卢梭非常迷恋一个由仁爱的贵族统治的理想，而他本人也常常受惠于他们的屈尊俯就。）

苏菲和"性别平等"

爱弥儿终于被引见给以"苏菲"的形象出现的一位女性。导师鼓励他相信，性的感觉必须总是和爱的情感联系在一起，而且只能在圣洁的婚姻之中才能表达出来。苏菲自己早年的教育经历和爱弥儿极为相似，但是后来并没有像他一样被鼓励去追求学问。相反，她所受到的训练只是尽到家庭义务，她受到的激励只是在娱乐活动中追求卓越。

这是因为"女人是专门创造出来取悦男人的"，而这使得她没有能力应付复杂抽象的思想。

如果在男人和女人之间的区分是不自然的、不正义的，那么，就像在其他所有的权力关系中一样，双方就会不可避免地走向堕落。

占据上风的一方就会把真理和权力混淆起来，而处于下风的一方就会为了自我保存而发展出各种阴谋诡计。

也许《爱弥儿》这一部分产生的唯一的正面影响是，它激怒了**玛丽·沃尔斯通克拉夫特**（1759—1797），刺激她撰写了《**女权**》一书作为回应。

一个成功的试验？

　　《爱弥儿》这本书引人入胜，但是也充满各种矛盾和悖论。想要依照卢梭建议的方式把一个孩子和社会隔离开来，这几乎是没有可能的。爱弥儿仍然可能存在于一个小而不平等的二人"社会"之中，这个社会包含一个"败坏了的"成年人。卢梭告诉我们，如果爱弥儿想要进入社会，变成一个有德性的人和一个爱国的公民，他首先必须"去自然化"。

因此，他的"自然的"自我，最终必须被取代和控制……

这就等于暗示，我那独一无二的教育其实是不得要领的。

　　卢梭似乎从来没有解决这个明显的悖论。他似乎想到过，现代文明人必须在某种程度上和他们的自然的自我达成妥协。如果他们做到了这一点，那么，即使身处一个堕落的社会之中，他们也应该是幸福的、完满的，但是也许只能是作为独立的"局外人"。

进步论的教育家

卢梭关于儿童"自然天真"的学说和他的"自然人"的思想结成了同盟，自然人摆脱了一切文明的罪恶的束缚。因此，儿童需要一种特殊类型的教育。童年的自由和幸福是至关重要的，因为那时无论体验到了什么，都会决定成年后的行为。这就意味着，否定性的行为总是后天习得的——霸道的成年人必定是在作为孩子时受到过欺凌。这种"童年创造性"的观念影响了许多 19 世纪的浪漫派作家，尤其是那些充当"进步教育"的急先锋的人，比如，**佩斯塔洛齐**（1746—1827）和**玛利亚·蒙特梭利**（1870—1952）。

教导必须和儿童的自然发展保持同步。

教育必须"以儿童为中心"，而不是建立起一种标准化制度来衡量儿童的"客观进步"。

问题是，卢梭的"体系"不受儿童的坏行为的可能的影响。

因"自然宗教"受迫害

《爱弥儿》改变了卢梭的全部生活。他因为此书而受到官方的迫害，这本书使得他在余生颠沛流离，四处流亡。触怒官方的，不是他那激进的以儿童为中心的教育理念，而是他在这本书结尾处的"一个萨瓦尔省牧师的信仰告白"中表达出来的宗教观念。

牧师开始爱弥儿的宗教教育时，告诉他，上帝必须存在，因为正如我们出于我们自己的意愿运动，整个宇宙也由于主宰者的意愿而存在，而对于主宰着的神的本性，我们一无所知。

牧师接下来解释他自己的"自然宗教"，现在看起来这种宗教完全没有害处，但是在 18 世纪 60 年代，它被看作是极端的异端。

上帝把我们放置到世界之中，成为幸福的人，我们每个人潜在地都是善良的。我们所有人都配备了良知，"这种不朽而美妙的声音"引导着我们思考和行事。（但是这并不妨碍我们当中有许多人以错误的方式使用自己的自由意志。这就是为什么恶永远是人间现象。）

不久，巴黎的大主教宣告卢梭的著作该受谴责，在大街上公开烧毁它们，并发出警告要逮捕他。

神秘主义者卢梭

卢梭一直是一个持有强烈宗教信念的人，正是这一点标志着他和哲学家们分道扬镳。在他给几位哲学家的书信中，不断描述他自己的宗教信念和情感的最新发展。在他独自散步之时，他对自然的美反应灵敏，这主要是因为自然的美揭示了他感觉到的神的宇宙的秩序与和谐，并使他满怀惊奇感。他一直相信，宗教信仰对于人来说是性命攸关的，他保持着一种内在的深刻的信念，即人必定拥有不朽的灵魂。

《社会契约论》

卢梭自始至终批判当代政治社会，后者的主要目的似乎就是要把不平等合法化，为多数人保持经济上的奴隶制。卢梭本人对此梦魇的回应是，把他自己和所有经济与政治权力的中心隔离开来。不仅如此，在《爱弥儿》中，卢梭逐渐认识到，人们仍然不得不生活在社会之中——丛林中的自然生活再也不是一个选项。

我深谙，像我这样拒斥社会的一个孤独的思想隐士，实际上所做的事情是极其做作的。不曾有一个人是真正"自然的"或"自由的"。

看起来不可能培育出一个像爱弥儿那样的"不曾遭到玷污的"人。如果事情是这样，那么，仅有的可能性是政治社会的总体变革，而这也正是接下来卢梭在《**社会契约论**》（它原是卢梭的一部更大的未竟著作《**政治制度**》的一部分）中着手去做的事情。

社会和规则

　　如果不同的个体希望生活在一起，那么，只有在他们接受规则、习俗、传统和法律等的限制和统治的时候，他们才能这样做。如果没有规则，就不可能存在社会。单凭规则自身是不够的。某个人或者某些事物必须具有"主权"或者绝对权力，以便能够实施规则。但是卢梭认为，如果有诸种理由能够劝说我们放弃我们天然的自由，那么，它们肯定是至善的理由。

提出难以对付的问题

人类很少追问他们为什么应该遵从政治权威。绝大多数人依照有人告诉他们的那样去做事，因为服从权威是某种他们继承而来的东西。世俗的权威总是经常和神圣的资格相伴而来，而后者使得政治的命令和宗教的命令多少有些同一。这就是为什么君主非常热心于他们用来统治的"神圣的权利"。但是到了 17 世纪末，哲学家们开始就政治义务提出各种难以对付的问题。

这就是卢梭在《社会契约论》中提出的第一个问题：

人是生而自由的，但是他又无往而不在束缚之中。这种变化是如何发生的？我不知道。什么东西使得这种变化是合法的？我相信我能回答这个问题。

义务、我的利益和契约

为什么要根本上服从政府？简单明了的回答是，如果你不服从，政府就把你锁起来。但是在卢梭看来，对这个问题的回答要远远多于仅仅是"也许"是"对的"。17世纪和18世纪的许多哲学家建议说，服从政府是出自绝大多数人民的自我利益，因为政府为每一个人提供安全保护。

其他人坚持说，服从政府只是基本的道德责任——若你信任诸如正义、自由和在法律面前一律平等的话。

一种甚至更有说服力的论证说，如果人类想要遵从法律，服从政府，他们必定是自愿的。

这就意味着，政治权威是合法的，只是因为得到了它统治下的公民的同意。

人们相互之间订立了最初的契约，组成一个社会。接下来，另一个社会赋予政府以统治他们的权利。

霍布斯和洛克的契约观

政治权威之可被接受，是因为它在某程度上是我们通过在政府和公民之间订立"契约"的方式创造出来的。霍布斯对于人性持有一种远为悲观的观点并且恐惧战争的发生。这就是为什么一旦契约签订之后，他会认为它赋予主权以绝对权力的原因。

这就意味着，政府不得不依照宪法而统治，每一个个体对于任意一种契约的同意都可能在任何时候撤销（尽管洛克从来没有澄清这究竟是如何可能做到的）。

契约的问题

并不是所有哲学家都接受"从契约出发的"关于义务和合法性的解释。很难理解，某个原初的政治"契约"如何对于以后的世代具有约束作用，而且绝对没有任何关于契约的历史证据。**大卫·休谟**（1711—1776）以及功利主义哲学家**杰勒米·边沁**（1748—1832）和**约翰·斯图亚特·密尔**（1806—1873）论证说，关于政府如何形成的契约解释没有真正说到点子上，不能带来任何帮助。

主权的意义

在 17 和 18 世纪，"主权"这个词通常仅仅适用于历代君主。霍布斯认为，人们心甘情愿和国王之间缔结契约，甚至在契约把他们变成自愿的奴隶的情况下。

通过创造能够制定法律的绝对权力，邪恶的个体就获得安全保障，而不会相互背叛。

因此，"强力创造权利"，而"君主"的意思多多少少等同于"权力"。

我不能接受所谓"自愿的"奴役的概念。放弃你的自由就等于把自己变成某种低于人的东西。

如果我们遵从法律的唯一理由是，因为我们受强力所迫，那么我们这样做就并非是出于**道德**义务。在卢梭看来，"主权"更像是平等的所有权，而政治学更像是伦理学的分支。

081

自愿的联合体

"那些想要把政治和道德分离开来的人永远也不会理解两者中的任意一个。"

> 市民的联合体是世界上最自愿的行为；既然每个个体都是生而自由的，是他自己的主人，那么，没有人能够不征得他的同意而奴役他。

在霍布斯和卢梭之间的论争围绕着"被迫"或"出于强迫"和"出于义务"之间的区别而展开，后者意味着，它关涉某种类型的个人选择。卢梭的观点是，公民必须服从法律，因为他们感觉到他们**应该**服从，而不是因为某人强迫他们服从。国家必须不折不扣是一个自愿的联合体。

卢梭的法律观

早先的政治理论家认为，世俗的法律是义务性的，因为它们的权威来源于上帝的话语。另一些人则主张，一个社会的法律是强制性的，因为它们建立在"自然法"的基础之上，而自然法使得政府和法律都是自然的现象。卢梭认为，义务性的法律只有在以下情况才是可以接受的，即为法律制定框架的主权是民主的——因此，制定法律的权威必须是人民自己。

当人就全体而言时，他们是"人民"；当他们在立法议会投票时，他们是"公民"；当他们遵守法律时，他们是"主体"。

当我们是"主体"时，我们遵从社会的法律；当我们是"人民"时，我们"实际上"只是遵从作为有主权的"公民"的我们自己。

自由和服从

如果规定法律是什么的人是我们自己，那么，我们仍然是"自由的"，但是是在不同于"我们天然地是自由的"意义上。对公民而言，"自由"就是"服从"的同义词，因为他们服从的法律是他们为自己而制定的。人民是他们自己的法律的足够自愿的主体。

在我理想的法制化的民主中，社会的每一个和所有成员都参与"确立法律"的事务中，因为每一个个体都被期望服从法律。

它还意味着，不允许公民提名代表代替他们思考，或者代替他们选举。

这种对于参与权和普遍民主的坚持意味着，卢梭理想的公民只能属于一个小小的城市国家或者人口稀疏的小岛。

什么是"契约"?

如果人们出于他们自己的自由意志而决定参与社会，那么，他们也不得不准备抛弃他们的"自然的自由"，以求换得新的更值得拥有的"道德的自由"，这种道德自由建基于对于法律的自愿接受。

那么，他们不再是被本能的"善良"统治的个体，而变成自由而"有德性的"公民。

这就是公民的"自由"如何能够等同于"服从"的过程。

卢梭使用"社会契约"要表达的意思，正是这种从原始的鼓励逐渐发展到共同同意的渐进过程。"契约"以何种方式以及在什么时候订立，从来都不可能得到清晰的解释，与其说它是一个历史的事实，不如说它是一个理论的虚构。

有机的过程

卢梭认为，所有人共有的某种形式的理解会逐步从一个有机的过程中生长出来，而不是通过某种法律的行为。因此，"契约"这个法律术语似乎是个无所助益的格格不入的术语。

卢梭不愿意解释，自然人是如何获得同意一个"契约"所必需的智力和组织技能的。

不管如何，我坚持认为，我的动物性的人最终逐渐认识到某种称为"公意"的东西的权威，因为他们所有人都观察到服从这种权威的好处。

什么是"公意"？

　　"公意"处于卢梭政治理论的核心地位。也许把"公意"和"个人的意志"进行比较，最容易理解"公意"。如果说，在法律中，政府实体或者一个公司订立了一个契约性协议，那么，就很方便想象各种与虚构的"团体性个人"相关的组织。在某种程度上，卢梭以那种方式把社会想象为一个整体

"政治体"就像是一个具有独一意志的巨大的个人。

组成它的那种东西，在某种程度上远不是所有个体意志的集合。

公民们转让他们的自由而对之保持忠诚的，正是这种"团体性个人"。

集体的认同

　　理解"公意"的另一种方式是，承认卢梭在个体和公民之间所做的至关重要的区分．人也许生而为个体，但是必将转变成公民．

在我理想状态中的儿童很早就在社群主义的价值之中接受教育……

……我们对于共同体的忠诚实际上成了我们的第二自然。

公民个人从集体之中获得他们的认同感。

　　他们将在心灵之中烙下对于国家的热爱．在他们的灵魂之中烙下对于"公意"的尊重，而且因此，他们将像一个人那样行动．"他们带着那种最为激烈的情感热爱公意，每一个孤独生活的人只会对自己才抱有这种情感。"

卢梭认为，公民对于法定的道德法则的服从，就像他们对于诸如万有引力法则等自然法则的服从一样，是不可避免的和"自然的"。当儿童变成成年的公民，在定期召开的立法会议上投票时，他们总是会出于良知投票赞成整个共同体，而不是出于个人的利益。每一个公民都会依照个人的良心投票，而不是拉帮结伙或者以党派为界限。

　　公民个体会同意通过同样的法律，因为"符合所有人的利益"的东西是不可能变化的。

服从自由

因此，所有人都会服从，但是没有任何一个个体或者群体会命令。这就是"公意"具体化的方式——通过化身为法律。

服从"公意"就是把他们从"愚蠢而有限的动物"转变成"聪明的存在者"

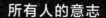

所有人的意志

　　如果在立法大会上的所有个体想要纯粹出于自己的利益而投票，那么，最终导致的结果是"所有人的意志"。"公意"是某种更加纯粹、更加高贵、更有爱国心和利他主义的东西。然而，如果在某些偶一见之的场合，真的出现了出于良知但却纷然杂陈的意见，卢梭认为，那么，他们不可避免地会相互抵消。

"公意"仍然可能会作为一种平均的意志出现。

然而，他对于产生一种可信赖的结果所必需的统计方法含糊其辞，语焉不详。

人民作为君主

　　和其他的契约论理论家一样，卢梭在考察义务的类型时陷入困境：这些义务会使少数人不满意，或者一些个体在拒绝绑定任何类型的主权——甚至是"公意"的主权——时才拥有这些义务。卢梭关于"道德自由"和"公意"的学说意味着，社会的所有成员不得不同意相同的法律。

只可能有一部法典是一般的和普遍的。

至高无上的人民有无限的权力，除此以外，没有任何其他的权威来源。

一旦人民决定了法律是什么，这些法律就一直是对的，只是因为它们总是反映着"公意"。

最高权力不需要任何关于它的主体的保障，因为它不可能为了法典而伤害它的成员。

任何不同意都会不可避免地困扰这个立法过程，或者更糟，威胁到社会的和谐统一。

强迫自由

　　这是"公意"学说开始警钟长鸣的地方，因为任何不想接受它的统治的个体自动地就是错误的，所以，他就必定会"被强迫变成自由的"　卢梭使用"公意"以及他那个更加令人不寒而栗的词组"强迫自由"到底何指，对此所作的阐释聚讼纷纭，莫衷一是　卢梭喜欢修辞上的夸张和悖论

"强迫"人民"自由"纯粹是说，为了使大多数人的自由最大化，不得不通过强力而限制某些反社会的个体。

因为，从长远的观点看，他们本身就是社会的一部分，因此他们也将从他们拒绝或者破坏的法律中获益。

误入歧途的行为

那些刚愎自用的公民误入歧途了，因为他们只是暂时不知道他们"真正"想要的东西。与其说他们"邪恶"，不如说他们"软弱"，所以必须强迫他们的行为举止像有良知的公民——这听起来似乎不太坏，但是却带来某种难言之不安。有许多种方式可以察觉其中含有极权主义统治的蛛丝马迹。

主权主体和政府

霍布斯认为，主权和政府是同一回事。卢梭极力反对这一点。只有公民才能是通过定期集会和在大会上投票而制定法律的"主权"主体。卢梭的"政府"是从属于立法大会的，它只不过是一种执行法律的行政机关。坚持立法机关和政府相分离意味着，卢梭并不十分喜爱"人民政府"的观念。

我主张，作为主权主体的人民有权集会并确立将会嘉惠所有人的一般法律。

但是把这些法律应用到个别案例和细节中的，是政府。

贵族政府

卢梭的政府总是建立在短期契约的基础之上，它要接受审查，因此，它不可能积聚太多的权力，或者篡夺立法大会的权力。十分奇怪的是，后来卢梭建议，最佳形式的政府应该是由贵族组成的。

贵族拥有充足的闲暇时间，用来履行他们的公共义务。

我们大部分人也有独立的经济来源，因此，我们更可能有良知，而免于腐败。

由人民组成的民主政府也可能导致在立法机关和政府的不同角色之间造成混乱。如果把它们合二为一，那将导致腐败。

立法者

　　卢梭意识到，从"自然"到"社会"和"政治"的过渡在最初的几年中将会成为问题。最近才"去自然化的"、素无经验的个人如何知道怎样制定社会的基本法律框架？他的答案是，发明一种暂时的但却强有力的"立法者"，他的工作是充当类政治催化剂。

　　一旦社会的、政治的条件具备，公民行为变得适当，他就会悄无声息地消失。

公民宗教：有神论

对把人们聚集起来的心理动机和政治动机都感兴趣的哲学家寥寥无几，而卢梭就是其中之一。人民需要感受到一种对于国家的归属感。在立法大会上投票还不足以保证绝对的忠诚。"论公民宗教"是《社会契约论》的最后一节，卢梭非常后悔在最后一刻加上了这一节，后来试图压下不予发表，但是没有成功。他认为，公民间的社会契约需要某种最低程度的宗教加持。

我认为，每一个人都应该宣告他们对于一位仁慈的上帝存在的信仰，以及对于报应性的来生这一事实的信仰，来生奖善惩恶。

这种温和的**有神论**后来变成了正式的国家宗教。它鼓励个体相信，违反国家的法律既是有罪的，也是违法的。

反对基督教

正统的基督教由于好几个原因而不受欢迎。它过于强调来生，而不是强调做个好公民。一个强大的教会会产生胆小怕事的公民，而且他们的忠诚四分五裂。"基督徒都被变成了奴隶。"卢梭的国家不会查问任何个人持有的特殊的宗教信念。它只会拒绝承认任何无神论者或者患上宗教狂热症的人是它的公民。

现实主义者卢梭

尽管卢梭的政治哲学看起来抽象、迂远而阔于事情，但是在实践中，他更像是个现实主义者。如果一个社会已经有一套看起来运行良好的既定习俗、习惯和法律，那么，每一个人就应该同意它们是可接受的，那么，这些传统就应该被看作是"公意"的表达。尽管他认为，在原则上，国家应该拥有一切，但是在实践中，他承认，个人应该允许拥有自己的财产，而且接受经济的不平等是不可避免的。然而，他的确认为，不应该存在着富可敌国和赤贫如洗这两种极端，因为这将会导致政治事务的腐败。

不能有公民富裕到足以买下另一个人，或者有公民贫困到被迫出卖自己。

100

科西嘉作为测试案例

卢梭并不支持彻底推倒传统的社会，用某种理论上极权主义的蓝图取而代之。1764 年，布塔福科，一个科西嘉官员，请求卢梭为岛上居民制定他们自己的宪法。这个岛国的政治身份是不确定的。卢梭尽其所能查找了这座岛的历史、地理、宗教、社会制度、资源和现存的法律。

他们应该选择和日内瓦模式相似的共和政府。

极为独立的、土匪般的当地人应当竭尽全力发展出对于法律规则的更大尊重。

科西嘉人应该继续他们那种乡村式自给自足的经济，进行物物交换而不使用货币，并且保证不会出现贫富分化。

不幸的是，他的提议没有一项得到实施。1768 年，法国从日内瓦手里购买了科西嘉，所有独立的梦想瞬间破灭。

实际上，法国购买这座岛屿，是为了确保我的观念永远不可能付诸实践。

对我来说，却是幸运之极，因为从那时起我才有可能成为法国的皇帝。

拿破仑·波拿巴（1762—1821）出生于科西嘉，但是作为炮兵军官在法国军队开始军事生涯。

波兰作为测试案例

1771 年,卢梭为威尔霍斯基伯爵撰写了《**论波兰政府**》一文。这一次,卢梭建议说,君主应该是民选的,税收应该公平合理,教育要改革,波兰在它的政治体制方面要采取联邦制——通过这种方式,公民在他们应该接受何种统治方面拥有更多的发言权。

但是波兰在 1772 年还处在四分五裂的状态,因此我的理念是永远得不到实现的。

在这两个测试案例中,我都相信,政治的变迁应该循序渐进,从现存的制度、传统和地方信仰中衍生。

所有这一切看起来使得他更像一个保守派,而非革命派。卢梭在实践中远远没有法国革命时期他那些热情高涨的追随者希望的那样激进。

批判卢梭的政治理论

对于卢梭的政治著述，一直存在着各种激烈反对的声音。《**社会契约论**》可以用不同的方式加以解读，它让某些学者忧心忡忡，但另有学者认为它是真正伟大的一种征兆。卢梭到底是一个高贵的自由主义者，还是一个极权主义的魔鬼？

它通常依赖于你所阅读的是卢梭著作的哪一部分，以及你赋予他的政治语汇以什么含义。

你在那里发现的东西依赖于你自己带去的东西。

卢梭并不总是一个逻辑缜密、前后一贯的思想家，但是他的写作极有说服力，而且经常说出"强迫自由"之类的话，这听起来充满不祥之感，但是事实并非如此。我们带着批判的眼光来看一看卢梭的"公意"吧！

推敲"公意"

　　我们已经看到，对于卢梭的政治哲学来说，"公意"这个神秘的实体多么重要。这个词组在法国思想中是极为流行的，像狄德罗这样的作家就使用过它。

对于集体主义者卢梭而言，"社会"是一个具有它独立存在的形而上学实体。正如一个个体能够具有"意志"，社会也能具有它自己的意志——"公意"，而这就不再只是它个体成员的意志的总计，或者"所有人的意志"。

一个疑窦丛生的概念

但是如果你更加细致地考察卢梭说了些什么，就愈发难以明白，"公意"实际上是如何存在或者以何种形式存在。个体显然具有身体、情感和欲望，但是"公意"并不是这种类型的存在。它是一种非常抽象、带有神秘色彩的实体。但这不是说，它压根儿就不存在。

哲学家总是意识到诸如"重力"和"心灵"这样的实体，它们同样难以定义为某种类型的稀薄的"实存"。

社会学家也相信，"社会"存在，存在于它们的个体成员之上或者之外，或者，它们出自于一项工作。

不管如何，实际上，也许不存在一种像"公意"这样的东西。

即使它存在着，它也不可能是卢梭希望的那种纯粹的和永不犯错的道德指南。

卢梭认为，他"正直而淳朴的人民难以欺骗"，但大多数人的意见却常常极易受到操控，甚至可能是极其愚蠢、极为有害的。卢梭的完全是道德意义上的"公意"只能存在于由理想公民组成的理想国家。但它绝不会存在于现实世界，因为根本不存在某种神奇的方式，可以发现"公意"可能是什么。如果它恰好不是"公意"，你又如何能发现它究竟是什么呢？

107

公意和法律

在各种道德问题上，比如说安乐死和堕胎，总是会有各种不同意见，因此很难理解，卢梭的公民如何可能达到完全同意。

人们有不同的趣味和价值观。

有些人想要快速而崭新的道路。

其他人想要未受污染的乡村。

很容易看到，一群思维相近的人，就像一群教友会信徒，或者坐车旅行的成员，轻而易举地草拟出一项行为计划，其成员能够就之投票表决并且期望所有人都能遵守它。但是要看到每一个单一的公民，即使是一个小国家的，如何能够定期集会，并且很快就法律达成协议，就难上加难了。

浪漫主义的共同生活观

卢梭是带着一片好意写作《社会契约论》的。他是一个局外人和理想主义者，他发现文明世界的事务通常很难处理。他对于政治妥协的日常的污秽世界没有任何经验。但是他仍然深切地渴望成为共同体的一部分。在他的小说中，他狂热地赞美农民小小的农业共同体具有的那种仪式化的社会生活。

我热爱参加婚礼晚会、葡萄丰收节和其他当地的庆典。

他认识到，在那样的共享的公共事件中，共同体中每一个个体都扮演重要的角色，这些角色展示出对于共同体的忠诚的某个方面。

集体主义国家

卢梭对于传统的乡村生活的熙熙融融、欢声笑语持有极度浪漫主义的非常保守的观点。他忽视了或者遗忘了小共同体常常具有的压抑沉闷的性质。他的集体主义本能可能是多愁善感的，且常常是不谙世事的，但它们绝不可能是专横独断的。

但是，《社会契约论》有一些部分怀着深沉的忧虑。

怀有敌意的批评家指责卢梭的政治哲学潜在地是"极权主义的"，那些批评家是完全不公平的。

卢梭要求，每一个人必须放弃他们的个体权利，向极为含混不清的"公意"投降。但是如果不承认个体的人权，那就会像最近的经验表明的那样，国家权力变得太大，无远弗届。

卢梭没有对他的集体主义国家的最高权威进行足够的抑制和平衡。

他过于信任公民大会永不犯错的善良和半神式的立法者，认为他们可以确保没有压迫。

公共的还是私人的自由？

　　卢梭的社会对某些个体和群体而言是易于捕获的猎物，这些个体或群体声称自己就是"公意"的活生生的化身，并因此悬置公民的立法大会，进行统治时完全不理会所有公民的自由。1814年，拿破仑的所作所为正好就是这样。他对立法会宣告……

我获得了五百万公民的投票。我有头衔，而你没有……

我们应该记住阿道夫·希特勒也是通过选举而掌握权力的。

我就是公意！

"自由"是一个不可能精确地定义的词，尽管我们大部分人对它涉及我们的财产、言论和宗教信仰时表达的意思有一套粗糙而现成的相关观念。卢梭不能相信，为什么他的立法大会竟然会通过那些毫无必要地干涉个体自由的法律。

但是由于忽视自由，把重点放在他的公共"道德自由"之上……

卢梭使得国家过于容易地声称它垄断了完美，要完全控制它的人民的生活。

什么造就好公民？

看起来似乎正是在政府的本性中有一种对于绝对权力的渴望。这也就是为什么现代民主制度要确保以独立司法或自由出版等形式对于政府一直有某些限制的原因。

由于谈论"自由"和"强力"时就好像它们本来就是一回事一样……

卢梭受到了谴责，责成他为所有类型的骇人听闻的极权主义的"故弄玄虚"打开了方便之门。

那些不同意"公意"或者政党意识形态的人可能会被宣告为不正常的人或精神病患者，然后接受相应的"处置"。

卢梭的政治幻影很容易被批评为理想主义的或者单纯无知的。在某种程度上，它基于他自己的童年记忆中日内瓦共和国以及它的两个"立法委员会"，但是由于年深日久，必然将之过度理想化。它还植根于他自己青春期早期对于普鲁塔克的阅读，以及对于古代经典的公民权模式的崇拜。

爱国主义者还是伪君子？

卢梭想要创造"新人"，他们从一出生起就被塑造成各自独立但却爱国的公民，他们确立总是代表集体主义利益的法律。但是，由于拒绝利益的存在，由群体和政治党派产生的就不是一个强健的社会和独立的个体，而是集权化的国家。

对让－雅克·卢梭的迫害

《爱弥儿》和《社会契约论》这两本著作出版之后，卢梭旋即被宣判有罪。他在四处奔波中度过了生命中最后的岁月。他隐姓埋名，东躲西藏，居无定所，一会儿躲在偏远的外省，一会儿躲在法国农村的庄园里。他到底经历过多少危险，至今尚处于争论之中，但是对于他的著作和观点的真正迫害，只不过是加强了他对于遭到背叛和不公正待遇的强烈感受。

日内瓦和荷兰都查封了《爱弥儿》。1763年，巴黎大主教写了一本小册子指责卢梭伪善。卢梭在一封公开的"书信"中做了答复，这封信澄清了他关于人性本善的学说，捍卫了他对于"自然宗教"的信仰。

118

卢梭攻击日内瓦

后来，卢梭第二次放弃了他日内瓦公民的身份，作为一个没有国家的人，他逃往莫捷一特拉弗斯。在这里，他给不宽容的日内瓦公民写了多封怒气冲冲的公开"信"（《**山中来信**》，1764 年），他认为日内瓦人的行为和天主教审讯别无二致。在这些信中，他为《爱弥儿》和《社会契约论》的核心观念作了辩护，指责日内瓦教会不宽容，存有偏见。

新教的本质是宽容。每一个信仰者都自由地依照他真诚持有的信念阐释福音书。

暂时的安全

卢梭的书信还对日内瓦政府进行了特别的攻击。卢梭认为，小议会（执行议会）以大议会（公民大会）为代价授予自己太多的专断权力。最后，卢梭发现了另一个富裕的资助人——行为怪癖的苏格兰流亡者，乔治·基思，纳沙泰尔的总督。

四处逃亡

　　有一段时间，卢梭过上了田园生活。他好几次远足到了汝拉山，为了延续他新近对于植物学的兴趣。他还开始写作《**忏悔录**》。但是他的名声很快使他饱尝苦果。当地居民向他的屋子扔石子。

我不得不逃到比安湖的圣皮埃尔岛上，后来又逃到比安城里。

来访者

正是在这儿，卢梭接见了许多来访者，包括经济学家**托马斯·马尔萨斯**（1766—1834）以及年轻的苏格兰人**詹姆斯·鲍斯韦尔**（1740—1795），他后来作为萨缪尔·约翰逊的传记作者而名闻天下。鲍斯韦尔无情地嘲弄了这位伟人，并且记录了几次他们之间的谈话。卢梭似乎很享受和他共处的时光。

逃亡到英格兰

鲍斯韦尔还声称曾经受到卢梭的伴侣特蕾莎的勾引。

他们俩踏上旅途，去英格兰与卢梭会面。

但是，令人沮丧的是，在卢梭这段时间的通信中有非常清晰的迹象表明，他变得越来越精神紊乱。他显示出许多妄想症的典型症状。他在所有地方都看见阴谋诡计，所有这一切都是攻击他个人和诋毁他的著作这样一个遍布整个欧洲的巨大阴谋的一部分。这一密谋牵涉他的所有故交、哲学家们、天主教会和所有他最近表示过厌恶的其他人。朋友们在斯特拉斯堡和乌克兰为他提供避难所，但是他选择去英格兰。

又一场争论

　　哲学家大卫·休谟推崇卢梭的著作，为他提供了一个避难地。卢梭离开法兰西，首先流亡到英格兰，然后是齐西克，后来又在斯塔德郡的伍顿豪尔。在伦敦，他会见了皇家的几个成员。在泰晤士峡谷度过了一段快乐的时光，在他的爱犬苏丹的陪同下潜心植物学研究。但是贺拉斯·沃拉佩尔，休谟的一个朋友，所写的一封荒谬的开玩笑的信，让他立刻深信，休谟是又一个背叛者。

事实上，我只是想为卢梭争取一份皇室的年金。

我一开始就拒绝了。

　　关于这场毫无必要的争论，休谟写了一篇《简要的说明》。

　　卢梭最终又逃回了法国，他说："先生，我想要避开英格兰，避开这种生活。"

流亡归来

在法国，他和平易近人的**米拉波**（1749—1791）住在一起，他明智地同意卢梭所说的一切——无论它们听起来多么疯疯癫癫。后来，卢梭退隐到特里的康蒂王子庄园待了一年，在那里，他又受到了更多想象出来的可怕迫害的困扰。

正是在这个时候，他最终与特蕾莎成婚了。到此时为止，她已经掌控卢梭的大部分生活。

回到巴黎

卢梭回到了巴黎。他已经蜚声世界。他接待了许多拜谒者，和朋友们下棋，去剧院看戏。但是他还花了大量时间给那些老朋友写充满激情的信，而且受到一个名叫玛莲娜的女性崇拜者的纠缠。在他生命中的最后八年里，他把时间主要耗在抄写乐谱、对巴黎周边乡村的植物进行研究、制作和售卖草本植物标本以及完成他的《忏悔录》等事务上，而单单在《忏悔录》上，他就工作了长达七年之久。

德内比夫人，在伏尔泰的大力帮助下，写了许多诽谤性的回忆录作为回应，格林和狄德罗二人亦步其后尘。

《忏悔录》

　　《忏悔录》的写作持续了好几年的时光。卢梭写作它的动机也发生了变化。在 1764 年，他读到了伏尔泰那本极尽挖苦之能事的**《多愁善感的公民》**。

开门见山

卢梭的《忏悔录》以这种挑衅性的言辞开篇：

> 我下定决心开始一项前无古人的事业，一旦它完成，将不会有人东施效颦。我的目的是尽我所能以忠实于自然的方式展示一幅肖像，而我将为之画像的这个人就是我本人。

> 我要冒昧地说，我和全世界的所有人都不一样，我也许不比他们更好，但我绝对与众不同。

忏悔的必要

　　《忏悔录》是一本震古烁今的著作。对于许多习惯于理解《新爱洛依丝》的细腻精致的 18 世纪读者来说，它理所当然地令他们大惊失色。卢梭经常对他的性欲和风流韵事丝毫不加隐瞒。他坦陈自己有轻度的露阴癖、受虐狂和许多性罪恶。他决定使他忏悔的语言直截了当、"毫无掩饰"，以便它能够直接传达关于他生平的诚实真相。他还期望消除大多数人对于魔鬼般的"让 - 雅克"具有的公共的错误印象。

唯有真相

通过坦陈一切事情，卢梭也希望更好地理解他自己，与他曾是的那个人达成和解。忏悔有助于消除罪恶感。

因此，直到今天为止，这份沉重感依旧毫无缓解地压在我的良心上。我敢说，在我决定写作《忏悔录》时，让我从这份沉重感中解脱的欲望起了重要作用。

卢梭供认了他的斑斑劣迹：其中最糟糕的是，他抛弃了五个孩子，把他们全都送进了福利院。被披露的事情没有一件可以阻止他充满激情地为他的行为进行辩护。他认为，他的意图总是没有任何恶意。忏悔也许使卢梭成为一个罪人，但是，在他眼中，它也可以把他转变成不合常理的英雄人物。他的忏悔越是诚实无欺，他的读者越会认为他值得信赖，并因此接受他对其他人的攻击。

《忏悔录》中的事实细节足够精确。卢梭，和我们大部分人一样，主要是自欺，而非有意撒谎。他对于事件和时间的回忆是主观的。他感到快乐的那一段时间，他的回忆就会延长时间，而当他处于悲惨境遇的时候，他回忆的时间就会被压缩。

像一篇小说

卢梭把他的生平当作一种类型呈现给我们。他在不同的人物和事件之间平行比对，在某些关键时刻把书信与对话揳入叙事，常常使用倒叙的方法，期望某些事件会赋予他的生平故事以强有力的叙事动力。《忏悔录》不折不扣是一篇光彩夺目的自传体小说——充满着想象、诗意的雄辩和强烈的心理色彩。

心理学的洞见

卢梭认为，他的《忏悔录》是一部深刻的道德著作。读者们通过阅读某个他人的生平，会加深对于人性的理解，而不是去审判其他人。卢梭也相信，所有关于他的人格的暗示都存在于过去。

卢梭有时候极度自恋，目空一切，吹毛求疵而又睚眦必报。但是，阅读《忏悔录》后最终出现的，却是一个下定决心成为他自己的人的坦率心声。休谟不同意这一点，他认为任何人都不可能说出关于他自己的真相。他认为，卢梭不过是在自我欺骗而已。

《忏悔录》的意义

　　《忏悔录》是很多东西。一定程度上，它是对过去时光的慨叹；一定程度上，它是一个寻求母爱替代物的青年人的故事；一定程度上，它是对失去童年的寻求，卢梭总是因离开它而抱恨不已。在童年和青春期，他是非常快乐的，无忧无虑，经历丰富，精彩绝伦。

在我的数次旅行中，我受到社会各个阶层的人友好相待，无论他们是贩夫走卒，还是名门上流。我那时纯洁无瑕，完全没有意识到我自己的性吸引力。

　　他崇拜青年贵族妇女，她们常常报之以庇护（最令人难忘的是勒斯—沙尔梅特和隐庐这两个天堂）。《忏悔录》中描述了这些避难所的美丽动人之处，再现了他在那里度过的简朴而孤独的生活的欢欣。

《忏悔录》和 "体系"

在卢梭开始写作他的早年岁月时，他是一个五十多岁的非常成熟，或许说得上也是非常睿智的人了，而在他所写的时段中，他还是一个天真烂漫、没有被成人世界的尔虞我诈和相互妥协玷污的人。在《忏悔录》中，他向我们显示出，他自己的生命经历如何图解他的哲学 "体系" 的真理。

卢梭的《对话集》

到 1772 年为止，卢梭所患的妄想症越来越严重，他对真实的和想象的迫害者的恐惧与日俱增。也正是在这个时候，他开始写作极为出色的《**对话集**》，在其中，他和法国人一道开庭审判"让－雅克"，这个臭名昭著的厌世的作者。

> 我逐条列举了所有针对让－雅克及其著作的堆积如山的批评……

> "法国人"居然如此轻易上当受骗，竟然会相信它。

> 但是，接下来，我一一拒绝了这些批评。

《对话集》读起来并不总是给人启发。它经常、翻来覆去地重复，发出刺耳的声音，偶尔显示出一种几乎是病理学妄想狂才具有的混乱迹象。在其中，卢梭还在他自己和耶稣基督之间做了极为荒唐的对比："我总是认为，并且仍然认为，我自己是人之中最好的那一个……"

"谁不反对我？"

他在受到欺骗的状况中认为，他的手稿已经失窃。因此，在 1776 年 2 月，他决定把一份手稿放到巴黎圣母院的祭坛上，留给上帝妥善保存。

> 不幸的是，有人在唱诗班席位和祭坛之间放置了一扇铁屏风。

这似乎意味着连上帝也反对他。因此他写了许多份题为"致所有仍然热爱正义和真理的人"的传单，在巴黎街头四处散发。

《对话集》并不全是夸夸其谈，胡说八道。他也考察了以下二者之间的区别：一方面是偶像破坏者"让－雅克"，他有着极为凶恶的名声，另一方面是一个温顺、缄默得多的人，他只是想过一种平静而简朴的生活。

在他生命即将结束的时候，卢梭写了许多更为私人和内省的、充满诗意的散文作品，这些作品围绕着个人的失落情绪而展开。他还发明了一种新的艺术表现形式，它允许他探索他的想象力的奥秘。

卢梭、想象力和浪漫主义

　　卢梭处在那场由各种观念、价值和新的艺术表现模式——现在所有这些都聚集在浪漫主义这面旗帜之下——组成的复杂运动的开端。在 18 世纪"理性的时代",想象力往往被贬黜为"幻想",而那些颂扬它的使用的人被当作"感情用事者"或者"狂热分子"而不被理解。卢梭一直尊重理性这种有用的工具,但是他知道,他的想象力是那些本源的观念的源泉。这就是他对想象力如何发生作用感兴趣的原因。他知道他必须处在一种极为特别的心境之中才能获得这种智慧。

《一个孤独漫步者的遐思》

但是，又一个同情他的人，吉尔丹公爵，在巴黎附近的埃默农维尔为他提供了避难所。在这里，卢梭部分地恢复了他的机智，他把整个夏天都用来划船，演奏室内乐，进行植物学研究和给吉尔丹的孩子讲故事等事情上。他还开始写作《**一个孤独漫步者的遐思**》。

在这最后一本书中，他巨细无遗地描绘了他在巴黎四周远足的情形。他在遇见许多他从未寓目的植物和野兽时，总是惊讶不已，得意扬扬。

最后一个自然人在深思

　　卢梭的远足也还有更加严肃的目的。经常远足允许他与自然和上帝神交。《遐思》还偶尔夹杂着非常刺耳的愤愤不平和自我辩护，但是绝大多数叙述语言平和，颇为伤感，读起来惬意。这个时候，卢梭是仅仅为他自己而写作。他认为，通过把关于他散步的"杂乱无章的日记"汇编在一起，他可以将它们藏之箧笥，留待将来。

我将能够回忆起我写作它们时体验到的快乐，通过重新唤醒过去的时光，我获得了双倍的经验。

卢梭 1776 年开始写作《遐思》，但是它最终没有完成。它们在一定程度上出自于某种心理荒芜感以及自我怀疑和背叛的情感。卢梭愈发认为，他本人就是日渐消失的"自然人"这一物种，它很快就会被新的唯物主义的商业和工业取而代之。

他现在感到他最好的作品永远不会得到承认，他的观念也永远不会被证明是清白的，但是他也知道，通过与他人断绝往来，用他的想象力再次捕捉过去的经验，他能够获得暂时的宁静的时光。在《遐思》中，他回忆起早年生活中强烈的幸福感，捍卫他独特的孤独散步和长时间的反躬自省的习惯。

在第五卷中，他描述了他流放到圣皮埃尔岛上时体验过的强烈幸福。通过进入一种深沉的沉思状况，他能够失去所有的时间感，获得某种接近精神狂喜的东西。

在夜晚来临之时，我常常爱坐在湖边，坐在堤岸上，待在某个隐蔽的圣殿中。波涛阵阵，水光潋滟，吸引了我的注意力，净化了我的灵魂中所有的动荡不安，使它沉浸到令人心旷神怡的遐思之中……

因为自然的世界有着神圣的起源，所以，它有力量影响那些沉思它的人。

　　在卢梭对自然进行细致考察之时，自然对他揭示了它真正的和谐和比例，他意识到，这些性质同样也可以在人的灵魂中发现。最后，他可以看到它是如何在宇宙万物的设计中拥有一个位置的。

一种深沉而甜蜜的遐思抓住了所有感官，你在一种怡人的陶醉状态中失去自我，沉入浩瀚无边的美的体系之中，你把自己等同于这个体系。在把自己和整个自然看成一个体系之时，我感觉到一种无以言喻的迷狂，一种完全融合为一的狂喜。

晚期卢梭著作中另辟蹊径而与众不同的是，他不遗余力地夸大这些主观经验，以至于他的读者可以对它们感同身受。卢梭常常拙于与人相处，而且不愿意和其他人讨论他的想法。

> 在某种程度上，我补偿了这种强加给自己的孤独，方式是发明一个"理想的读者"，我可以信赖他，而且我知道，他总会理解我。

因此，在某种程度上，对卢梭而言，写作的行为常常是某种形式的**治疗**，这种治疗形式最终允许他获得对于他的本真自我更加深刻的理解。

18 世纪 70 年代，临近他的晚年，卢梭每天上午花费大量时间抄写乐谱，每天下午他在巴黎周围的乡间寻求草本植物。他给最好的朋友和同事写了好几封长信，论述植物学的问题。在 1778 年 5 月，他抱怨肚子疼，然后卧床不起。他吩咐打开窗户，以便能够看见公园里的树木。

你看天是多么纯净啊，万里无云，一尘不染。难道你没有看见他的大门对我敞开，上帝在等着我？

结局

7月2日，卢梭挣扎着要起床，但是跌倒在地板上。随后他被人发现已经离世。他可能死于尿毒症。尽管很快就出现一些空穴来风的流言，说他是自杀。依照他的脸形所做的濒死面模显示，他的额头上留有最后致命的一跌造成的疤痕。他被埋葬在埃默农维尔公园的一个小岛上。

特蕾莎做出决定，无论是《忏悔录》还是《对话录》，永远不予出版。她还决定嫁给吉尔丹的英国男仆约翰·巴力。但是，她很快就被送到了普乐西—贝勒维尔附近躲避一件丑闻。尽管吉尔丹给她提供了非常丰厚的年金，但是她仍旧抱怨说，他偷了她丈夫的论文，并且欺骗了她。二十三年后，1801年，她八十岁的时候才撒手人寰。

不同面相的卢梭

卢梭改变了世界和人们的思考方式。但是他应该为那些就他提出的断言负责吗？

他是法国大革命和恐怖统治的源泉。

他是浪漫主义之父。

……
他是以儿童为中心的改良教育的创立者。

存在主义可以追溯到他。

……
心理分析的先驱。

有可能证实这些断言吗？我们来逐一检查这些断言。

法国大革命

卢梭去世 11 年后，1789 年，法国的政治生活被大革命彻底改变了。毋庸置疑，卢梭的观念刺激了某些革命领导人的革命狂热，尽管卢梭本人肯定会被对于他的片言只语所作随心所欲的解释和革命本身过于血腥吓倒。1794 年 10 月，他的遗体以胜利者的姿态被迁入先贤祠，但是后来，1814 年波旁王朝复辟时，它又被移出，并（和伏尔泰的遗体一道）被随意丢弃了。

在卢梭生前，读过《社会契约论》的人寥寥无几。但是到 18 世纪 80年代末，它迎来洛阳纸贵的哀荣，并且在整个欧洲都拥有激情澎湃而又激进的门徒。事实上，卢梭非常害怕革命，因为他认为革命通常会带来灾难后果。尽管如此，他的政治著作被革命的两个派别——无论是温和的吉伦特派还是激进的雅各宾派——奉为圭臬。

> 对我们所有人来说，《社会契约论》就是革命的《圣经》。

激进的知识分子和更多自发的**无套裤粗汉**，都要求一种新的民众的主权，肆无忌惮地狂呼"人民主权"。

恐怖的统治

　　天生的专制者，比如**罗伯斯庇尔**（1758—1794）和**路易 - 安东尼·圣鞠斯特**（1767—1794）在他们的演讲中不断提到卢梭，他们试图建立起一种国家宗教——"最高存在者崇拜"。但是，在某种意义上，恐怖统治时期（1793—1794 年）的雅各宾派统治尝试着把卢梭的理论国家变成现实。罗伯斯庇尔想当然地认为他自己就是"公意"的人格化身，也真心实意地同意卢梭的陈述。

卢梭的其他追随者

从此以后，每一代的哲学家都以自己的方式阐释卢梭，以达到他们自己的目的。

后现代主义和卢梭

后现代主义哲学家，比如**米歇尔·福柯**（1926—1984），毫无疑问分享了人的可塑性的信念，甚至对于社会制度持更加批判的态度，因为社会制度的首要功能似乎是把自由的人转化为归顺的"主体"。

卢梭从一开始就怀疑"启蒙"的规划。

他认识到，为了能够排除异己和操控一切，强有力的制度规定了像"科学"和"知识"这样的概念的意义与使用。

因此，在某种意义上，卢梭是早生了几百年的"后现代主义者"。

米歇尔·福柯

雅克·德里达

然而，大多数后现代主义者都会深深怀疑在《社会契约论》中表达出来的集体主义学说啊！

完美的公民

卢梭是一个局外人，他梦想有一个他自己能够幸福地属于它的完美社会。但是他的理想社会却是一个受到严格控制的社会，在这个社会中，几乎不允许任何自由的探询或讨论。它以自由之名行"压制"之实。

乌托邦还是反面乌托邦?

卢梭关于完美公民的幻想唤起了许多来自虚构作品的作家以及哲学家的否定性反应。**赫胥黎**（1894—1963）和**乔治·奥威尔**（1903—1950）警告这种温和的乌托邦幻想的危险，因为这种乌托邦端赖于铸造"新人"，因此它们很容易转变成"反面乌托邦的"梦魇。

集权主义国家

卢梭全身心地致力于所有人的自由的事业，但是，不幸的是，此自由非彼自由，后者是通过对于政府权力的各种制衡、人权或者多元主义社会而得到维持的。他想要人民从影响极大的压迫集团和经济负荷中解放出来，但是从来没有意识到国家可能是个体的最为残酷的压迫者，个人不得不生活在它监视的目光之中。

他也许既不是一个真正的集体主义者，也不是自由主义者，而是对于二者皆表赞成的更加复杂的人。尽管如此，时至今日，《社会契约论》已经招致许多激烈的批评，一定程度上是因为它似乎是一个意义含混的文本，太容易为人盗用。

浪漫主义

卢梭是"浪漫主义之父"吗？问题是如何定义浪漫主义。我们可以用它命名一种现象，它肇端于18世纪晚期，到了19世纪40年代已经遍布欧洲。它描述的是在文学、艺术、哲学和政治中的各种创新。

浪漫主义可以看作是情感从规定了"高级趣味"的古典主义的规则中得到"解放"。

激进美学总是和革命狂热成双配对地出现，后者颂扬个体的或国家的权利，反对一切形式的社会和政治的压制。浪漫主义的主题至少在外观上和卢梭自己的主题非常相像——自然，儿童，爱，想象力，对于社会规范和暴君的反叛。

卢梭，不情愿的浪漫派

卢梭从来没有声称自己创立了一种新的感性形式。它使用"浪漫"一词仅仅是（在《一个孤独漫步者的遐思》中）为了描述岩石构成的风景。他从来没有有意识地与启蒙的古典艺术价值为敌。他仍然认为，"理性"是有价值的人类品质。

尽管在他的后期著作中，卢梭的确论述过"浪漫主义的"主题，比如自然、情感、个人主义和浪漫的爱情等等，但是，他对这些事物的反应并非一成不变，而且，与各种"浪漫主义的清单"的建议相比，更加不甚明了。

　　他是一位科学的植物学家、一位神秘主义者，也是一位作家，他关于自然世界的著述往往拥有强烈的视觉力量和令人惊异的清晰性。

艺术家的角色

　　卢梭常常闪烁其词，自我纵容。他目空一切，唯我独尊，但又被同时存在的自卑与自负的情感撕得四分五裂。他是一个没有国籍的局外人，从来没有感受到他真正的"归属"。但是他的确分析过他这种疏离感的成因。

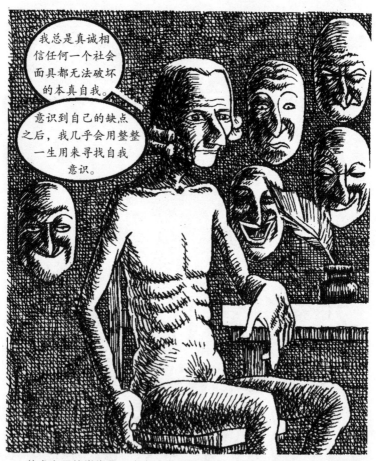

　　艺术之于他常常是一个自我发现的过程。也许，正是这一点使得他至少无愧于浪漫主义之父**之一**的称号。卢梭自己的性格和他赋予它的重要性，帮助转变了艺术家的角色，证明了创造性想象力的重要性。

卢梭的尚古主义

卢梭并没有发明"尚古主义"的观念，但是也许他是它最强烈的和最著名的支持者。尚古主义在批判文明时强调，我们是可悲的，因为我们抛弃了过去的黄金时代。我们犯下了严重的错误，选择了文明，却失去了我们"和自然之间的亲密关系"。

无论如何，卢梭仍然认为，文明对我们是有害的，也许他是对的。

生态学的预言

我们现代的文明人不是一群令人赞叹的或者非常幸福的人。我们比任何时代都更沉溺于技术进步和市场的竞争力带来的物质财富之中。

在卢梭写作他的论文时，世界人口还很少，工业革命才初露端倪。他还不能预见到，我们现代的"文明"最终会把我们的星球弄得不宜居住。

海洋正在死去，臭氧层也正在消失，全球气候正在以灾难性不可预知的方式发生改变。

文明的代价

卢梭从来没有声称，文明全部是坏的。它给了我们写作、艺术、现代机器、科学、方便食品，以及像这本书这样的书籍。但是显而易见，现代文明的代价变得非常高。他从未建议我们应该拨回时钟。毕竟，他的"自然人"只是思辨的虚构。但是，他的确认为，我们应该"回到正轨"上去。

因为我们是自由的，我们能够进化，我们的欲望和期望能够改变。

也许卢梭会建议说，让我们开始为我们自己设想一个更可以持续发展的、更人性化的"文明"类型。

因为，如果我们不这样做，也许会发现我们自己终究要"折回"。但是，这一次，我们一定会回到比卢梭的自然状态要更加糟糕的东西。

卢梭有"体系"吗？

卢梭从未自称一名哲学家。"我从未企望成为一名哲学家；我从未自称是一名哲学家；我过去不是，现在也不是，也没有想过成为一名哲学家……"

但是关于人的生活何为，他有着清晰的观点。他相信，如果他的观点被深刻地感受，如果人的状况首先是一个无知的人，那么，它们就是再真实不过的了。

我们不认识我们自己。

"我们既不认识我的本性，也不认识我们的行动原则……一些不可穿透的神秘完全包围着我们……我们认为我们有智慧穿透它们，但是我们有的只是**想象力**……"

乐观主义的体系

从卢梭自己的内省产生了他的"体系"——对于西方文明的彻底批判。看起来像是进步的东西实际上是毁灭和衰落：社会的和政治的制度只不过是经济的和政治的剥削的幌子。

尽管人类已经把自己变成某种可恶可怕的东西，但是他们仍然能够返回到某种更为"自然"和更好的状况。卢梭有一些狂热而独特的宗教观点，这使得他与他的同时代人截然有别。

自然的世界——其中包括人——包含着一种普遍的和谐与道德的秩序，这是上帝加诸所有实在之上的。

这个真理使我保持为一个乐观主义者。

尽管人们已经看不见真理，但是他们重新发现真理的潜能总是存在于每一个个人之中，终有一天，这种潜能会导致一个由有德性的公民组成的社会。

悖论与结论

　　卢梭是一个卓尔不群的人，充满悖论与矛盾。他是一群怀疑主义者中一个真诚的信仰者，一个谴责文学而又著述等身的作家。他颂扬个人自由，但是他的政治学说却是严格地集体主义的。他是隐士，因为绝望于闻达。他是一个进步论的教育家，却把自己的孩子一个一个扔进孤儿院。他是一个社会反叛者，却接受富人的屈尊施惠。他是一个知识分子，却声称自然人最幸福，因为自然人没有任何观念。他渴望为读者所接受，却有意逃离他们的注意。他是一个多愁善感的做梦者，一个不可能的朋友，有时甚至是自负而自恋的伪君子。但是他过去是，而将来也一直会是一个令人兴致盎然的人，因为……

……他总是愿意在里头插一只脚。

维克多·雨果

延伸阅读

卢梭高产，著述等身。他写过小说，诗歌，散文，论文，回忆录，忏悔录，对话录，词典，歌剧，戏剧，公开的和私人的书信，以及其他著作，涉及的领域包括政治学，人类学，伦理学，神学，战争，心理学，美学，植物学，等等。这就意味着，不是他的所有著作都可以轻而易举地寻踪觅迹。他的最重要的著作都有了英文译本。

《**社会契约论**》和《**两篇论文**》，由 G.D.H.Cole 翻译并撰写译者导言，后经 J.H.Brumfitt 和 J.C.Hall 修订（人人文库，平装本，1983 年版）极为有用，具有很高的价值。译者导言信息丰富。

他有好几本著作在企鹅版平装本系列中很容易找到。

《**社会契约论**》，由 Maurice Cranston 翻译和编辑（企鹅，1970 年）。

《**卢梭的忏悔录**》，由 J.M.Cohen 翻译并撰写导言（企鹅，1954 年）。

《**一个孤独漫步者的遐思**》，由 P.France 翻译并撰写导言（企鹅，1979 年）。

他的主要著作也都有许多其他译本。

《**爱弥儿，或论教育**》，有阿兰·布鲁姆翻译并撰写导言（基本丛书，纽约，1979 年）。

《**卢梭审判让 – 雅克：对话集**》，由 J.R.Bush，C.Kelly 和 R.D.Masters（1990 年）合译，《**朱丽叶，或者新爱洛依丝**》由菲利普斯图亚特和 Iean Vache（1997 年）翻译并做注释，这两本书都收在《**卢梭著作集**》(*The Collected Writings of Rousseau*，新英格兰大学出版社，New Hampshire）中——对于想要通读卢梭著作英文译本的人来说，这是最佳的资料。

《**不可缺少的卢梭**》(*The Indispensable Rousseau*)，由约翰·霍普·马森编辑出版（Quartet Books，1979 年）也很有用，因为它选择的卢梭著作取材广泛，选择精当。

那些足够幸运到有能力阅读卢梭法语著作的人可以参考最早的四卷本的《**让 – 雅克·卢梭著作全集**》(*Jean-Jacques Rousseau: Oeuvres Complètes*，Gallimard，1959 年），由 B.Gagnebin 和 M.Raymond 合作编辑出版。

关于卢梭的生平和思想的著作也有不少。

Gavin de Beer 男爵著《让－雅克·卢梭和他的世界》（*Jean-Jacques Rousseau and his World*，Thames and Hudson，1972 年），是一本很好的导论性传记。

罗伯特·沃克乐著《卢梭》（昔日大师丛书，牛津大学出版社，1995 年）是一本很好的入门书，简明扼要，清晰明了地阐释了卢梭的思想。

F.C.Green 著《**让－雅克·卢梭：他的生平和著作的批判性研究**》（*Jean-Jacques Rousseau: A Critical Study of his Life and Writings*，剑桥，1955 年），通透彻底地论述了卢梭其人及其争论。

R. Grimsley 著《**卢梭的哲学**》（*The Philosophy of Rousseau*，牛津，1973 年）抱着"同情之理解"的心态阐述了卢梭非常复杂的思想和情感。

其他著作，比如 L.G.Crocker 的《**卢梭的社会契约论**》（*Rousseau's Social Contract*，Press of Case，Western Reserve University，1968 年）和 M.Viroli 的《**让－雅克·卢梭和"秩序井然的社会"**》（*Jean-Jacques Rousseau and the "Well Ordered Society"*，剑桥，1988 年），都带有很强的批判性。

J.H.Huizinga 的《**卢梭：圣人的形成**》（*Rousseau: The Making of a Saint*，伦敦，1973 年）是一本对于卢梭其人及其思想都极尽讽刺之能事的传记。

如果有人想要获得更加完整精确的政治哲学知识，并因此更好地了解卢梭的著作是如何与其他思想家进行争论的，他能够做的事情莫过于通读约翰·普拉梅那兹（朗曼书屋，1970 年）的两卷本的《人与社会》（*Man and Society*）。

笔者还发现以下书籍也极有帮助。

H.J.Dent 的《**卢梭辞典**》（*A Rousseau Dictionary*，布莱克维尔，1992 年）。

《**重评卢梭**》（*Reappraisals of Rousseau*，曼彻斯特大学出版社，1980 年）——尤其是其中所收 S.B.Taylor 的论文"卢梭的浪漫主义"。

Grant 和 Cutler 主编的"**法国文本批判性指南**"（Critical Guides to French Texts）丛书中包含对于像《新爱洛依丝》（R.J.Howells）、《爱弥儿》（Peter Jimack）、《忏悔录》（Peter France）和《遐思》（David Williams）等个别文本的

一些极为优秀的导读。

　　最后，那些认为最初两篇论文时期的卢梭已经窥得大道之八九的人，也许想要读最近某些对于文明的谴责和对于"新尚古主义"的颂扬，可参见 Fredy Periman 著《**反对他的故事，反列维坦**》（*Against His-Story, Against Leviathan*，红与黑出版社，底特律，1983 年）；John Zerzan 著《**拒斥的要素**》（*Elements of Refusal*，Left Bank，西雅图，1988 年）以及他的《**将来的原始**》（*Future Primitive*，Autonomedia，纽约，1994 年）。如果你把计算机和万维网从尚古主义批判中排除出去，那么，你可以从 www.webcom.com/wildcat/home.html 下载 Zerzan 尚古主义文本的全部作品集。

致谢

　　本书作者想要感谢他坚韧不拔的编辑和临时顾问，理查德·阿皮尼亚内西（Richard Appignanesi），是他使得本书清通可读，还有他的同事，绘画艺术家奥斯卡·查拉特（Oscar Zarate），在查拉特的帮助下，文本才清楚明白并且生动活泼。作者还非常感谢他的女同事朱迪丝，因为更多杯的咖啡也许对他更有好处。还有埃克塞特大学极富耐心的图书管理员，他想方设法查到了上面提到的所有书，无论是卢梭写的，还是关于卢梭的。

索引